TERENCE LESTER

I
SEE
YOU
눈을
씻고
보니

소외된 이웃을 향한 사랑의 몸짓

테렌스 레스터 저
장윤석 마호영 공역

YKBOOKS

추천의 글

"*I See You*에서 테렌스 레스터는 우리가 인간성의 심장을 돌아보게 하고, 독자들에게 이 심장이 하나님과 이웃을 위해 뛰도록 만들어졌음을 상기시킵니다. 레스터는 잊혀지고 버려진 사람들 사이에 존재하는 공동체를 찾으러, 성령을 따라서 버려진 건물들 속에, 고가다리 아래에 그리고 노숙인 쉼터 안으로 들어갔습니다. 그의 감동적인 이야기와 강력한 논평은 노숙인의 상태가 탐욕과 개발, 오만, 인종차별, 그리고 모든 시민에 대한 순수한 배려의 부족에 얽혀있는 국가의 증상이자 상징이라는 것을 보여줍니다. 레스터는 마틴 루터 킹 주니어의 예언적 불과 예수 그리스도의 동정심을 불러일으키는 방식으로, 악을 해체하고 더 평등한 세계를 창조하는 핵심적인 요소로서 사랑을 그 중심에 두고 있습니다."

네이첼 구드리(Neichelle R. Guidry), 스펠만대학(Spelman College) 교목실장, 크리에이터, 여성 설교가.

"성경이 변화를 묘사할 때, 중심적인 소재 중에 하나는 보지 못하는 존재에서 볼 수 있는 존재로 이동하는 것입니다. *I See You*에서, 테렌스 레스터는 일종의 영적 안내자로서 봉사하면서, 우리가 쉽게 놓칠 수 있는 삶의 중요한 영역을 볼 수 있도록 도와줍니다. 테렌스와 이 여정을 함께 하십시오. 절대로 실망하지 않을 것입니다."

다니엘 힐(Daniel Hill), 목사, *White Awake*의 저자

"테렌스 레스터는 실천가입니다! 이 책은 사회이론이나 우리가 마땅히 해야 할 것들에 관한 책이라기 보다는, 오히려 지금까지 일어난 일, 지금 일어나고 있는 일, 그리고 작동하고 있는 것이 무엇인지에 관한 책입니다. 그는 전장에서 경험한 마음으로 진심을 다해 말합니다. 테렌스는

거기에 있었습니다. 그는 자신이 말하는 것을 알고 있으며, 우리나라에서 가장 취약한 사람들의 필요를 해결하기 위해 날마다 무엇인가를 실천하고 있습니다. 이 책은 많은 사람을 위해 세상을 바꾸는 운동을 이끌고 있는 섬기는 지도자가 썼습니다. 이것은 사랑 이야기입니다. 가장 취약한 사람들을 위한 사랑 이야기이며, 사랑이 우리를 행동하게 하는 방법에 관한 이야기입니다. 사랑은 살아있는 단어이며, 테렌스 레스터는 벽을 넘어서는 사랑을 살고 있습니다. 이 책은 사역하는 사람들이나, 하나님이 죽기까지 사랑하신 세상을 자신도 사랑한다고 말하는 사람들 모두를 위한 필독서입니다."

> **랄프 바수이 왓킨스(Ralph Basui Watkins)**, 컬럼비아신학교 복음주의와 교회성장학 피치트리 부교수(The Peachtree Associate Professor of Evangelism and Church Growth, Columbia Theological Seminary), 휘트스트리트침례교회 목사(Wheat Street Baptist Church)

"진실의 조건 중 하나는 고통받는 사람들이 말할 수 있도록 하는 것인데, 이런 부분이 바로 이 책이 진실된 이야기이자 따라올 수 없는 직접적인 진리인 이유입니다. 개인적인 이야기와 신학적 소신, 그리고 사회적 분석을 사용하면서, 테렌스는 아주 많은 우리의 자매들과 형제들이 빈곤에 처한 비참함을 아름답게 묘사합니다. 이 책을 읽은 후에 많은 사람이 믿음과 실천과 사랑에 근거한 더 동정심이 많은 삶을 살겠다는 영감을 얻게 될 것이고, 우리의 상처받은 세계를 치유하는 데에 도움이 되는 무엇인가를 실천하라는 성령의 부르심에 응답하게 될 것입니다. 사회적 불평등이 만연하고 빈곤한 사람들의 곤경에 무관심한 이 시대에, 이 책은 고통받는 이들을 위로하고, 편안한 사람들을 괴롭힐 것입니다. 하지만, 무엇보다도 이 책은 우리를 '내가 당신을 보고 있습니다(I see you)'라고 말하게 만들 여정에 우리를 초대할 것입니다."

빌리 마이클 아너(Billy Micheal Honer), 공공학자, 신앙 지도자, 사회 정의 조직가, 허핑턴포스트 기고자.

"*I See You*에서 테렌스 레스터의 글은 삶을 변화시키는 경험들과 성경에서 영감을 받은 것이 분명합니다. 각 장은 독자들이 단지 내용을 받아들이는 것에서 벗어나, 우리 하나님의 손과 발이 되라는 공개적인 초대를 받아들이도록 매끄럽게 움직여갑니다. 이 책은 우리가 이미 알고 있는 것-고통은 '저 멀리에 있는 그들'에게 일어나는 고립된 사건이 아니라는 것-을 그러한 동정심으로 조망하고 있습니다. 고통은 다른 어떤 삶의 경험과 마찬가지로 우리에게 속한 것입니다. 내가 읽은 단어 하나하나가 나를 변화시켰고, 나에게 도전이 되었습니다. 나는 이 책이 당신에게도 똑같은 변화와 도전을 줄 수 있기를 기도합니다."

케이시 J.(Casey J.), 기독교 작곡가, 스토리텔러

"테렌스 레스터의 *I See You*는 노숙을 겪고 있는 사람들에 대한 정보를 제공하는 것 이상의 글입니다. 그는 사람들의 경험을 인간적으로 만들기 위해 노력하며, 특별하게 다루어진 이야기들은 인간 경험의 폭넓은 다양성을 크게 드러냅니다. 그런 과정에서, 레스터는 독자들이 가난하게 사는 사람들의 삶을 대하는 자신들의 편향과 편견을 점검할 수 있도록 격려하고, 우리의 사고방식을 변화시켜서 도움이 필요한 사람들을 지원할 수 있는 실행 가능한 단계와 통찰을 제공합니다."

리즈 클라인락(Liz Kleinrock), 시티즌 오브 더 월드 차터 스쿨(Citizens of the World Charter Schools)의 다양성, 평등 및 포용 코디네이터

"백인 이성애자이며 기독교인 남성이란 이유로 이 세상에서 제공하는 불공정한 특권을 모두 가진 사람이라는 입장에서, 나는 테렌스 레스터의 책 I See You를 20년만 일찍 읽었다면 좋았겠다 싶습니다. 그는 우리 가운데 가장 취약한 이들의 경험을 강력한 서술과 스토리텔링으로 전하는 독특한 능력으로 이 책을 통해 독자를 잡아끌어 그들의 심장 속에 그 경험들을 쏟아 부을 것입니다. 세상에는 테렌스 레스터와 같은 리더가 더 많이 필요합니다. 그리고 이 책은 그가 세상을 더 나아지게 변화시키키는 일을 어떻게 계속할지를 보여주는 강력한 사례입니다."

제프 힐리미어(Jeff Hilimire), 드래곤 아미(Dragon Army)의 최고 경영자, 48 in 48의 공동 창업자.

"변화를 만드는 것에 관해 이야기하는 사람들은 많지만, 실제로 그렇게 행동하는 사람은 별로 없습니다. 수 년 동안, 테렌스 레스터는 현장에서 일하고 있습니다. 나는 그가 진정한 현장 연구에 근거하여 저술한 I See You 같은 또 다른 자원을 갖게 되었다는 사실이 흥미로웠습니다."

샘 콜리어(Sam Collier), 전국으로 방송되는 TV와 라디오 진행자, 노스 포인트 미니스트리(North Point Ministries) 강사.

"I See You는 영혼과 도전으로 가득 차 있습니다. 테렌스는 명확하면서도 섬세한 문체로 가난한 사람들을 사랑하라는 시급한 요청에 관한 그의 진심을 우리에게 나누어줍니다. 특권은 사회에서 보이지 않게 만든 사람들이 직면한 현실에 대해 우리의 눈을 어둡게 만들 수 있습니다. 그래서 테렌스는 진정한 성육신적 방식으로 우리의 가장 취약한 이웃들의 진짜 경험들을 밝혀내는 여정으로 우리를 이끌어갑니다. 나는 사람들이 네 이웃을 네 몸과 같이 사랑하라는 그리스도의 부르심에 열린 마음으로, 그리고 다른 사람들을 그들 내면의 신성한 이미지로 볼 수 있는 열린 시각으로 이 책에 다가갈 수 있기를 기도합니다."

채드 라이트 피트만(Chad Wright-Pittman), 사우스캐롤라이나 앤더슨에 위치한 제일장로교회(First Presbyterian Church, Anderson, SC)의 협동 목사 및 교회와 지역사회 네트워크 담당자.

"동정심과 통찰력을 지닌 테렌스 레스터는 우리를 두려움에서 해방시켜서, 가난하거나 집이 없는 사람들도 궁극적으로는 다른 사람들과 다르지 않다는 단순하나 심오한 진실을 밝히려는 여정으로 안내합니다. 그는 노숙인 개인의 문제가 아닌 일련의 상황이라 다시 생각하게 하며, 우리의 편견으로 만들어진 고정관념들을 버리고, 노숙인들이 실제로는 어떤 사람인지를 받아들여야 함을 다시 생각하게 합니다. 그들은 사실 우리와 똑같은 인류인 이웃들이며, 안전하고 싶고, 주목받고 존중받기를 원하며, 기회를 얻고 싶어한다는 것을 다시 생각하게 합니다. 이 책을 읽으면, 두려움이 강력하게 분열을 일으킨다는 것을 점차 떠올리게 될 것입니다. 두려움은 우리로 하여금 사랑하지 못하게 하고, 마음을 열고 바라보는 것을 못하게 합니다. 테렌스의 삶과 어휘들은 우리가 삶이라는 직조물에 얽혀 있다는 것과, 그 안의 모든 실들이 귀중하다는 강력한 진리를 드러냅니다."

도니스 샌도발(Doniece Sandoval), Lava Mae의 창립자 및 최고경영자.

"테렌스 레스터는 자신만의 겸손한 경험과 관계들을 사용하여 노숙인들의 도전적인 삶에 얼굴과 이름을 연결시킴으로써, 그들에 대한 미지의 공포를 극복할 책임감을 우리들에게 요청합니다. 독자들은 창조된 형상의 이미지에만 근거하여, 하나님께서 모든 사람에게 부여하신 가치를 바라보게 됩니다. 이 책은 우리가 미지의 공포를 거부하며 행동할 때, 빈곤에 대해 집단적인 효과를 낼 수 있음을 밝혀줍니다. 이 책은 두려움의 대상이라는 사회적 인식이 형성되었던 사람들을 용감하게 사랑할 준비를 하는 이들을 위한 책입니다."

　　안나 퍼거슨(Anna Ferguson), REMERGE의 운영 이사.

"구조적 빈곤과 노숙인들의 가혹한 현실에 대한 강력한 증언을 통해, 테렌스 레스터는 집단을 치유하는 한 방법으로, 인간성의 조직에서 잃어버린 실들을 돌아보아야 한다는 도전을 줍니다. 레스터는 자신의 개인적인 경험들을 공유하면서, 열심히 일하는 가족들이 다양한 직종에서 종사하고 있음에도 불구하고, 갈수록 자신들이 무언가에 갇혀져 있다는 것을 알게 되는 현대의 비공식적인 카스트 제도를 가로지르며 우리에게 걸어옵니다. 이 책은 노숙을 하고 있는 우리의 형제, 자매들과 내가 연결되어 있다는 것을 느끼게 했고, 내가 빈곤의 굴레를 끝내기 위해 할 수 있는 일을 감당할 용기를 주었습니다."

　　클로디아 아길라(Claudia Aguilar R.), Virginia-Highland Church의 정의 및 증언(Pastor for Justice and Witness) 담당 목사.

"나는 이 책 읽는 것이 좋았습니다. 레스터의 목소리가 빛났습니다. 그는 독자들을 그들이 만나는 사람들을 사랑하는 놀라운 인생의 여정으로 이끌어갑니다. 오랜 기간을 거리에서 생활하고, 빈곤의 도전을 마주하며 밤낮을 보내는 이들과 함께 하겠다는 그의 결정이 존경스럽습니다. 레스터의 도움으로 나도 더 이해하고 공감할 수 있었습니다. 특히 그가 공포와 사랑의 감정과 느낌들을 대조해 준 방법이 좋았습니다. '우리를 안전하게 지켜주는 두려움을 갖고 사는 것과, 우리의 두려움이 우리를 통제하게 함으로써 우리가 행동을 취하며 사는 것 사이에는 큰 차이가 있습니다. 특히 우리가 다른 사람들을 대하는 태도에서 더 드러납니다. 특이하게 옷을 입은 사람을 보면, 그를 피해 길을 건너는 것과 비슷하지요.'

이 장은 나에게 강력한 인상을 주었고, 이제껏 알아채지 못했던 두려움을 조금이나마 반성하게 되었습니다. 감사합니다!"

    보 아담스(Bo Adams), Mount Vernon Presbyterian School의 학습 및 혁신 최고 책임자 및 Mount Vernon Institute for Innovation의 전무 이사.

"테렌스 레스터는 독자들을 공감과 개인적인 여정으로 이끌며, 우리가 다른 사람들을 어떻게 바라보는지를 되돌아보게 합니다. 그는 자신의 안전한 환경을 벗어나, 사람들이 매일 직면하는 현실을 몸소 경험하는 용기를 보여줍니다. 노숙을 하는 우리의 형제 자매들은 생존을 위해 싸우고 있으며, 이 책은 우리가 그들과 함께 싸울 것인지 스스로에게 질문하게 만듭니다. 나는 이 책이 무관심을 공감으로 바꾸는 데 필요한 인식의 전환을 가져올 것이라고 확신합니다. 테런스는 단순히 이야기를 하는 것이 아니라, 자신의 경험을 바탕으로 생명을 불어넣고 있습니다."

    코넬리우스 린지(Cornelius Lindsey), 개더링 오아시스 교회 수석 목사.

"만약 우리가 우리의 눈을 가리는 것을 벗을 의지를 갖고 제대로 지표들을 본다면, 빈곤과 그로 인한 인류의 쇠약한 영향들을 진정으로 근절할 수 있습니다. 테렌스 레스터는 독자들이 이 싸움에서 방관하고 있을 수 없게 합니다. 그는 우리의 이기적이고 물질적인 것을 추구함으로 인해 소외되고 상실된 사람들에게 열정적으로 얼굴과 목소리를 드러내게 합니다. 이 책은 계시 이상이며, 우리 모두가 반드시 주의를 기울여야 할 행동을 요청하고 있습니다!"

    안드레 랜더스(Andre Landers), 트라이브 기독교회 (Thrive Christian Church)수석 목사

"테렌스 레스터는 자신의 매력적인 이야기를 들려주는 놀라운 재능으로 우리 마음의 눈을 열어주어서, 우리가 망가진 세상에서 종종 보지 못하는 소외된 하나님의 동료의 이미지를 지닌 사람들을 볼 수 있게 해줍니다. 레스터는 능숙한 예술성을 사용하여, 진정한 이웃 사랑의 마음과 손과 발에 대한 동정적이고 설득적인 그림을 그려냅니다. 이 책은 가난한 사람들과 노숙인들을 향한 당신의 눈을 열어줄 뿐만 아니라, 역설적이게도 당신의 인생도 새로운 방법으로 바라보게 할 것입니다."

톰 넬슨(Tom Nelson), *The Economics of Neighborly Love*의 저자.

"테렌스 레스터는 우리에게 선한 의도들을 행동으로 옮기라는 도전을 줍니다. 이 책은 도전적이고 영감을 주며 힘을 주는 책입니다! 레스터는 어려운 진실들과 겸손한 자세와 어렵게 배운 통찰력을 동원하여, 우리가 지닌 빈곤과 노숙에 관한 신화들을 폭로하고, 통계들의 이면에 실제로 존재하는 사람들을 우리에게 소개합니다."

니키 토야마-체토(Nikki Toyama-Szeto), ESA/The Sider Center의 총괄 책임자.

"하워드 써먼(Howard Thurman)은 우리의 이름으로 보여지고 불려지는 것을 '낯선 자유'라고 말했습니다. 테렌스 레스터는 도전적이고 통찰력있는 책 *I See You*에서 이러한 신이 주신 자유로 우리를 초대합니다. 그의 격려를 받는 동안, 우리는 각 사람이 얼마나 중요한지, 그리고 사랑이 얼마나 모든 것을 다르게 만드는지를 다시 생각하게 합니다."

매이 엘리스 캐논(Mae Elise Cannon), *Social Justice Handbook*과 *Just Spirituality*의 저자.

I See You: How Love Opens Our Eyes to Invisible People
by Terence Lester

Copyright©2019 by Terence Lester
All right reserved.
Korean translation copyright©2025 by Yakhin co., Seoul, Republic of KOREA
All right reserved.

This translation pubished under license by arrangement with InterVarsityPress through rMaeng2, and the copyright is held by Yakhin Co., Seoul, Republic of Korea.
이 책의 한국어판 저작권은 InterVarsityPress社와의 독점계약으로 알맹2를 통해서 계약되어, (주)야킨에 있습니다.
신 저작권법에 의해 한국 내에서 보호를 받는 저작물이므로 무단전제와 복제를 금합니다.

I SEE YOU

How Love Opens Our Eyes to Invisible People

눈을 씻고 보니

소외된 이웃을 향한 사랑의 몸짓

테렌스 레스터 저 • 장윤석 마호영 공역

YKBooks

하루라도 끼니를 거르거나 깨끗한 물을 마시지 못한 모든 아이들에게,
무시당하고, 경멸받고, 쉼터에서조차 거절당한 모든 노숙인들에게,
기본적인 의료 혜택을 거부당한 모든 이들에게,
잘못된 정책으로 인해 고통받아온 모든 이들에게,
탐욕과 무관심뿐인 재개발로 삶의 터전을 잃어가는 모든 이들에게,
긴 시간의 노동에도 적은 보수를 받고, 희망을 잃어가는 모든 이들에게,
그리고 전 세계적으로 빈곤과 싸우고 있는 수십억 명의 사람들에게
이 책을 바칩니다.
우리 모두가 여러분의 고통을 느낄 수 있기를,
그리고 그 아픔이 우리의 손을 움직여
섬김과 행동으로 이어지기를 바랍니다.

나는 당신을 봅니다. 우리가 당신을 봅니다!

사랑하는 기억 속에,
제이슨 킹(Jason King)과
엘로이 무어(Elroy Moore) 목사를
추모하며.

CONTENTS

FOREWORD | 데이브 기븐스(Dave Gibbons)　　16

INTRODUCTION | 집을 찾아서　　21

1. 빈곤에 처한 이웃들　　33
2. 두려움이 아닌 이해의 시선으로　　55
3. 사랑방 만들기　　75
4. 지금 가진 것으로 섬기기　　89
5. 선입견 내려 놓기　　103
6. 다가가기　　115
7. 다른 사람들의 다양한 수요들　　127
8. 눈을 씻어 존엄성 보기　　145
9. 함께 만들어가는 공동체　　161
10. 균형감 유지하기　　175

CONCLUSION　한 사람 한 사람이 중요하다　　185

ACKNOWLEDGMENT 감사의 말　　192

적용과 토의를 위한 질문들　　195

NOTES 주　　201

저자 소개　　208

LOVE BEYOND WALLS 소개　　209

역자 후기　　210

FOREWORD

데이브 기븐스(Dave Gibbons)

그들은 우리를 땅에 묻었다고 생각했지만,
그들은 우리가 씨앗이라는 것을 알지 못했다.
멕시코 속담

  구조적 빈곤과 노숙 문제를 다루는 정보나 감동적인 이야기들은 많이 있습니다. 하지만 정의를 위한 어려운 길에 발을 들이고, 그 자리에 끝까지 머무르는 사람은 극히 적습니다. 그리고 아무런 조건 없이 사랑하는 사람은 더더욱 적습니다. 테렌스 레스터(Terence Lester)는 그런 소수 중 한 사람입니다. 그는 우리 도시의 어두운 구석에서 생존을 위해 싸우고 있는 이들을 알리기 위해서, 자기 집에서부터 워싱턴 D.C.까지 648마일(약 1,043km)을 걸어갔습니다. 그는 같은 목적으로 MLK50 기념행사를 위해 멤피스의 로레인 모텔까지 400마일(약 644km)을 또 걸었습니다. 테렌스는 그 길 위에서 삶의 무게에 짓눌리는 순간들을 경험했습니다. 대부분의 사람은 포기했겠지만, 그는 다시 일어나서 걸어가기 시작했습니다.
  우리는 통찰력에 취한 문화 속에 살고 있어서, 강연에서 감동적인 말을 들으면 변화가 시작된다고 믿습니다. 이런 일들은 컨퍼런스에서 감동적인 연설을 듣거나, 교회의 예배에서 마음이 뜨거워지거나, 영감을 주는 팟캐스트를 듣고 전율을 느낄 때 일어난다고 생각합니다. 하지만, 우리는 변하지 않았고, 아무것도 하지 않았습니다. 그저 무언가를 느낀 것일 뿐입니다.

이 책을 사랑하는 이유는, 테렌스가 자신의 고통을 있는 그대로 나누기 때문입니다. 그리고 그는 자신의 이야기만 전하는 것이 아니라, 삶에서 더 나아가고자 하는 사람들의 공간 속으로 들어갑니다. 그는 트렌디한 장소나 재개발이 진행된 멋진 공간을 찾지 않습니다. 그 대신에 그는 대부분의 사람들이 아름다움을 발견하지 못하는 곳으로 갑니다.

한 사람의 사명자로서 테렌스는 겉보기에는 어둡고, 낡고, 보잘것없는 곳에서 새로운 가능성을 발견하려 합니다. 그가 이야기하는 고통의 맥락은 실제적이며, 우리의 마음을 강하게 울립니다. 그러나 그는 동정을 구하지 않고, 오히려 희망을 제시합니다. 그는 우리를 자선하는 마음으로 부르는 것이 아니라, 아무런 조건 없이 사랑하도록 도전을 줍니다. 이 책은 단순히 빈곤과 빈곤에 대한 오해를 다루는 것이 아닙니다. 테렌스는 실제적으로 빈곤을 해결할 방법을 제시합니다.

지난 14년 동안, 그는 자신의 가족과 함께, 가난하고 취약한 사람들을 돕는 일에 헌신해 왔습니다. 그는 어린 시절부터 빈곤의 혹독한 현실을 직접 경험했고, 그로 인해 빈곤이 가져오는 트라우마를 깊이 이해하게 되었습니다. 그의 온화한 목소리와 부드러움은 그 어둠 속에서 길러진 것입니다.

테렌스는 자기 가족을 사랑하는 것처럼, 고통 속에서 살아가는 사람들과도 함께하고 있습니다. 그는 겸손하지만 강력하게, 우리가 빈곤을 겪는 사람들에 대해 가지고 있는 태도와 믿음을 흔듭니다. 창의적이고, 열정적이며, 실용적이고, 헌신적인 그의 모습은 그가 하는 모든 일에서 볼 수 있습니다. 그는 다른 사람들이 보지 않는 사람들, 소외된 이들, 잊혀진 존재들에게 초점을 맞추고 있으며, 그런 그의 비전과 끈기, 그리고 기쁨이 그가 섬기는 모든 사람에게 스며들고 있습니다. 그가 세운 비영리 단체, Love Beyond Walls는 그의 가슴에서 자연스럽게 흘러나온 연장선일 뿐입니다.

　이 책을 탐독하면서 테렌스가 자신의 영혼 깊은 곳에서 전하는 메시지에 귀를 기울여 보세요. 그는 당신이 빈곤을 다르게 바라보도록 도와줄 것입니다. 당신을 절망 속에 머물게 하지는 않을 것이고, 오히려 희망으로 이끄는 길을 보여줄 것입니다. 사랑이 기다리고 있는 곳으로, 진정한 해결책이 있는 곳으로, 벽을 넘어 사랑이 흐르는 곳으로 당신을 이끌어 줄 깊은 성찰을 준비하십시오. 이제, 우리는 함께 변화를 만들어야 합니다. 테렌스와 함께 다른 사람들이 감히 가지 않는 곳으로 나아갑시다. 어둠을 깨뜨리고, 빛을 향해 자라날 씨앗들을 발견합시다.

　테렌스, 당신과 함께 걷겠습니다!

INTRODUCTION
집을 찾아서

어느 11월의 금요일 아침, 나는 당시 노숙인으로 지내던 커트(Kurt)를 찾아가서, 그를 데리고 아침을 먹으러 갔다. 나는 평소에 그를 만날 수 있었던 애틀랜타 시내의 버려진 건물에 주차했다. 그 건물을 둘러싼 녹슨 울타리의 반대편에 있는 그를 보았다. 그는 장애물들 사이의 작은 틈을 비집으며 기어 나왔고, 우리는 내 차 앞에 서서 대화를 나누었다. 커트와 다른 사람들이 거처로 삼은 땅은 쓰레기들로 덮여 있었다.

나는 커트에게 몸을 돌려 물었다.

"이봐, 내가 네 사진을 찍어도 될까?"

"좋아, 그런데, 사진을 찍어서 어디다 쓰려고?"

"그냥, 네 이야기를 알리고 싶어서 그래"

"거래를 하지. 나에게 베개를 하나 주면, 내 사진을 찍게 해 줄게."

나는 그 요청에 응하면서 이렇게 제안했다. "좋아. 네가 지금 가진 베개를 가져올래? 이 베개를 네 얼굴 앞에 들고 있으면, 사람들이 너를 볼 수 없을 거야. 나는 이 사진을 내 SNS에 올려서, 사람들에게 내 친구에게 베개가 필요하다고 말할 거야. 누군가 나서서 너에게 관심을 두려하는지를 보게 될 거야."(그에게 베개를 사주겠다는 사람이 나타나는 데에는 한 시간이 채 걸리지 않았다.)

우리는 좀 더 대화를 나눴다. 우리는 웃으면서 인생과 패스트푸드에 대한 농담을 주고받았다. 그 당시에 커트와 나는 친구가 된 지 3개월이 조금 넘었었고, 나는 그의 계획에 관해서 물어도 될 만큼은 가까워졌다고 생각했다.

나는 그에게 "이봐, 날이 추워졌어. 이제 더 추워질 거야"라고 말했다. 내가 말하는 동안에도 내 입에서는 하얀 입김이 나오는 게 보였다.

내가 말을 이어 "쉼터로 데려다줄까…."라고 말하려 할 때, 그가 내 말을 바로 잘랐다.

"아냐, 아냐, 아냐, 아냐. 난 쉼터에 가지 않을 거야."

"왜? 거기에 가면 적어도 이런 곳에서는 벗어날 수 있을 거야."

그는 근처에 있는 쉼터에 대해 자세히 말해주었다. 그곳의 냄새와 방 안에 있는 많은 사람들, 의자에서 잠들어야 했던 일, 화장실도 하나뿐이라고 말했다. 그리고 범죄가 자주 일어나서 어떻게 해도 잠이 들 수 없었다는 것이다.

"여기가 더 편해"라고 말하면서 그는 우리가 서 있는 쓰레기장을 가리켰다. "그 쉼터들보다 여기가 더 편해."

그리고는, "너는 절대로 그 쉼터에서 잘 수 없을 거야. 단 하루도 지낼 수 없을걸? 만약 거기에서 하루를 지내보았다면, 밤이 새기 전에 이 건물 뒤편, 바로 여기에서 나와 같이 있을 것이 틀림없어"라고 했다.

"내가 해볼게. 내가 그 쉼터에 가서 잘게"라고 내가 그에게 말했다. 지금 생각해보면, 그 순간에 우리 중 누구도 내가 정말 그렇게 할 거라고는 생각하지 않았다.

그는 웃으며, "그래? 못 믿겠어. 나한테 행동으로 보여줘야 할 거야"라고 말했다.

우리는 농담을 주고받으며 베개를 받으러 가야 한다고 말할 때까지 한두 시간 더 이야기를 나누었다.

나는 소용돌이치는 생각을 마음에 품고 차에 탔다. 3주 후, 나는 내 친구 커트를 다시 찾아와서, 쉼터에서 잘 거라고 말했다. 하지만, 쉼터에 관한 생각은 내 계획과 다르게 흘러갔다. 그 대신에 나는 결국 애틀랜타의 심장부에 있는 다리 아래에서 천막생활을 하는 약 50명의 다른 사람들과 함께 지내게 되었다.

우리가 각자의 집에서 편안함을 느끼고 있는 동안에는 빈곤과 노숙 같은 것들의 복잡성을 이해하기 어렵다. 그 복잡성을 이해하기 위해서는 그것을 경험하는 사람들, 곧 집이 없는 가정에 태어난 어린이들, 사랑하는 사람을 잃었거나 예상치 못한 건강상의 이유로 인해 궁핍해진 사람들, 불안정한 가정 또는 LGBTQ+(레즈비언, 게이, 양성애자, 트랜스젠더, 성 소수자 등의 성적 정체성을 가진 사람들)에 해당하는 정체성을 가졌다는 이유로 거리에 나온 청소년들, 가정 폭력으로부터 도망친 여성들, 그리고 주 수입원인 직업을 잃어버린 사람들의 이야기에 귀를 기울일 필요가 있다. 당신이 이런 유형의 노숙과 빈곤을 경험한 적이 있든 없든, 집을 구하는 일에 관해서는 보편적인 원리들이 있다.

나의 집 구하기

오랫동안 나는 빈곤과 노숙을 겪는 사람들을 돕는 일에 왜 그렇게 끌리는지 확신할 수 없었다. 그런 것들이 내가 자라던 주변 환경에도 있기는 했지만, 이제껏 길에서 살아본 적은 없다. 그렇지만 내가 이 책에 쓴 것처럼, 내가 왜 이렇게 느끼게 되었는지, 그리고 당신도 그렇게 느끼게 될 수 있는 이유를 깨닫기 시작했다.

나의 부모님은 내가 어릴 적에 이혼하셨고, 나는 어머니가 홀어머니로 고군분투하시는 것을 보며 자랐다. 어머니는 자신의 힘으로 내 여동생을 지켜낼 수 있는 일은 무엇이든 했고, 나는 우리가 사는 집이나 먹을 것에 대해 걱정할 필요가 없었다. 실제로, 어머니는 나에게 최초의 영웅이었고, 어린 나이에 고된 일을 감당하는 힘과 회복력을 보여주었다. 하지만, 내 부모의 이혼으로 나는 혼란스러웠고, 지금까지도 자주 여러 가지로 혼란스럽기는 하다. 나는 어린이가 이혼으로부터 완전하게 회복

될 수 있을지 확신하지는 못하지만, 그들이 절대 잊지 못한다는 것은 안다. 돌이켜보면, 이 사건으로 인해 나는 집을 찾기 시작했다. 나는 이 일을 겪으면서 집을 집 되게 하는 것이 무엇이고, 내 집이 왜 그렇게 갑자기 사라진 것처럼 보였는지를 질문을 하게 되었다.

나는 십 대를 보내면서 나를 많은 어려움에 빠뜨렸던 어릴 때 겪은 많은 일을 내면화했다. 나는 위기 상황에서 아버지와의 그리 좋지 못한 관계로 인해 서툰 판단을 하는 경우에 대한 살아있는 통계자료였다. 나는 어머니에게 강하게 반항하고 집을 나와서 내 차의 트렁크에서 지냈던 그 날을 절대 잊지 못한다. 나는 십 대 중반에 적절한 지도를 받지 못한 채 정체성을 찾고 있었다. 나는 어머니에게 고등학교를 중퇴하고 싶다고 말하면서, 이런 일이 아버지가 집에 없는 아프리카계 미국인 청소년들에게는 흔한 일이라고 했다. 어머니는 나에게 그녀의 집에서 살고 싶으면 학교에 가야 한다고 말씀하셨고, 그래서 나는 집을 나왔다. 돌이켜보면, 나는 도망쳤던 것 같다.

집을 나온 지 얼마 지나지 않아서, 나는 내가 속한 상황을 벗어날 수 있는 유일한 방법이 교육이라는 것을 깨달았고, 학교에 재입학했지만, 여전히 학교 근처의 공원이나 여러 친구들의 집 근처로 옮겨 다니며 내 차에서 지냈다. 어머니는 내가 있는 곳을 알지 못할 때도 꽤 있었다. 나는 어머니에게 일종의 스트레스를 주기만 했던 것 같다. 당시에 18세였던 제레미(Jeremy)라는 친구는 일을 하고 있었는데, 내가 차에서 지내는 것을 알고는 자기 어머니에게 나를 며칠만 그 집에서 지내게 해달라고 부탁했다. 그의 어머니가 그 일을 허락해 준 일은, 학교를 그만두고 싶을 때도 학교를 계속 다니고 졸업까지 할 수 있게 도와주었다. 그 며칠은 거의 모든 학기를 채우게 되었다.

제레미는 밤에 일했다. 아침에 집에 돌아오면, 그는 나에게 학교에 가라고 말했다. 그 친구가 나에게 학교에서 점심을 사 먹을 돈을 주기도 해서, 나는 배고프게 지내지 않을 수 있었다. 어떤 날은 그의 응원과 지원이 학교를 계속 다니는 유일한 이유가 되기도 했다. 나는 어머니의 집에서 집어 온 쓰레기봉투에서 옷을 꺼내 입었고, 맑은 정신으로 학교에 가려고 노력했다. 나는 몇몇 친구들과 제레미의 엄마에게 힘을 빌려서 학교에 다니고 있었기 때문에 힘들었다.

십 대 때 이사를 다니고, 깊은 오해를 느끼고, 우리 가족의 기능 장애를 이해하지 못하는 것이 나의 내면에서 일어나고 있는 일의 징후였다. 나는 내가 거주할 안전하고 안정된 장소를 찾고 있었다. 집을 찾는 일은 흰 말뚝과 네 개의 벽을 찾는 것과는 종류가 다른 갈망이었다. 그것은 내 어린 시절의 시작이었고, 십 대를 보내는 동안 나에게 머물렀으며, 성인이 되어서까지 나를 따라오고 있다. 내 뼛속 깊숙이까지 질문하고 있는 하나의 질문은 내가 속한 곳이 어디인가 하는 것이다.

당신은 이런 질문을 해 본 적이 있는가?

우리는 어디에 속해 있을까? 어디가 우리의 집일까? 집이란 무엇일까?

집이란 무엇일까?

집은 사방에 벽이 있고 지붕이 있는 건물 이상의 것이다. 집은 밤에 머리를 기대 쉴 곳이거나 가장 소중한 것들을 보관하는 것 이상의 장소이다.

집은 의지할만한 사람들과 함께 지내면서, 가장 자연스러운 자기 모습으로 지낼 정도로 안전함을 느낄 수 있는 곳이다. 집은 당신이 무엇을 하고 어디를 가든지 상관없이, 돌아와 소속할 수 있는 곳이다. 집은 단순히 하나의 장소이기만 한 것이 아니라는 말이다.

누군가에게 집은 한 사람이거나 몇 사람일 수도 있다. 어떤 사람들은 교회의 소그룹 모임이나 교회 식구들과 예배를 드릴 때 집에 있는 것처럼 느낀다. 어떤 사람들은 삶의 아픔들이나 사회 문제에 대해 어떤 이야기든 나눌 수 있는 친구들과 만날 수 있는 이발소나 미용실 같은 곳에서 집을 발견하기도 한다. 어떤 사람들은 독서 모임 또는 그들을 온전히 수용해주는 사람들과 연결되는 다른 환경들에서 집을 발견하기도 한다.

소속감을 향한 탐색(The Search to Belong)에서 조셉 마이어스(Joseph R. Myers)는 모든 사람들이 현관을 찾고 있음을 관찰했다고 한다. 그는 편안함과 공동체와 수용되는 장소의 상징으로 현관의 비유를 사용한다.[1] 사람은 누구나 집에 있는 것처럼 편안하게 느껴지는 안전한 장소를 찾는다.

하지만, 우리 중 어떤 이들은 집에 소속되어 느끼는 편안함을 낯설게 생각한다. 군중 속에서 고독을 느끼는 것에 더 익숙할 수도 있고, 고통받는 순간에 누구를 불러야 할지 확신하지 못할 수도 있다. 어쩌면 우리가 의지하려는 사람들은 우리를 위해 그곳에 존재할 수는 없을지도 모른다. 또, 어쩌면 우리는 완전히 소속되어 있다는 걸 전혀 느끼지 못하고 있을지도 모른다.

역사 속에서 교회는 집이나 어딘가 소속될 만한 곳이 없는 사람들을 초청했다. 예수는 단지 존재하기 위한 물리적 공간 이상의 장소를 찾는 단절된 사람들 사이에 다리를 놓아주고, 공동체를 만들어주려 했다. 예수는 외부인으로 살아온 이들이 하나님의 가족으로 받아들여졌고, 절대로 축소되거나 빼앗기지 않을 영적인 집을 갖게 되었다는 복음을 선포했다. 억압받고 무시당하던 사람들에게 환영하고 수용한다는 말보다 더 큰 자유는 없다. 예수는 다음과 같이 말했다.

> 주님의 영이 내게 내리셨다.
> 주님께서 내게 기름을 부으셔서,
> 가난한 사람에게 기쁜 소식을 전하게 하셨다.
> 주님께서 나를 보내셔서,
> 포로 된 사람들에게 해방을 선포하고,
> 눈먼 사람들에게 눈 뜸을 선포하고,
> 억눌린 사람들을 풀어 주고,
> 주님의 은혜의 해를 선포하게 하셨다.

(누가복음 4:18~19)

　　이렇게 소속될 곳을 찾는 것은 내가 말하는 영적인 빈곤과 연결된다. 당신이 쇼핑 카트를 밀고 있는 노숙인을 보았을 때, 눈에 보이는 물리적인 빈곤함보다 더 깊은 영적인 빈곤이 당신이나 나 모두에게서도 발견될 수 있다. 이 배고픔은 음식이 없어서가 아니라, 연결과 소속됨, 받아들여짐, 그리고 하나님과의 관계의 결핍으로 인한 것이다. 영적으로 빈곤한 사람들은 쉼터(노숙인 보호소)를 찾는 대신에, 어딘가 소속되어 사랑받을 수 있는 곳을 찾는 것이다.

　　우리 자신의 영적 빈곤을 알아차린다면, 빈곤의 개념이 어디에서 오는지를 더 쉽게 이해하게 할 수 있다. 우리가 가슴을 열고 다른 누군가의 이야기에 귀를 기울이고, 우리와 다른 그들의 경험을 들을 수 있을 때, 우리와 그들 사이의 간격이 가까워지기 시작한다. 열린 마음을 소유한다는 것은 가난에 처한 사람들의 존엄성을 확인하는 것에 관해 우리가 이미 지니고 있었던 신념들에 더 많은 것을 더하는 법을 배운다는 것을 의미한다.

　　전적으로, 우리가 이러한 진심을 다하는 작업에 헌신한다면, 우리는 새로운 사람들이나 생각들을 만날 수 있을 것이다. 그러한 것들에 모두 동의하지는 않더라도, 예수님이 하셨던 것처럼 사람들을 보고 사랑하는 일을 시작하는 방법이 될 수는 있다.

빈곤이란 무엇일까?

　　빈곤과 노숙의 현실을 완벽히 이해하기는 어렵다. 그 현실은 정치, 경제, 시스템, 해결 방식들과 복잡해 보이는 수백 개의 다른 장벽들로 감싸있기 때문이다. 우선 구조적 빈곤은 복잡한 문제다. 수백 개의 원인이 되는 요소들이 빈곤에 얽혀있다. 다른 한편으로 빈곤은 단순한 문제일 수도 있다.

정부에 따르면, 4인 가족의 수입이 연 28,290달러보다 적으면 빈곤층에 속한다. 하지만 동일 구성 가족의 수입이 28,291달러인 경우에는 빈곤층에 포함되지 않는다. 우리가 "빈곤"에 특정 숫자를 부여하고 있다 보면, 우리는 이러한 상황들에 관련된 더 큰 인간성과 복잡성 들을 놓치게 된다. 빈곤은 무언가에 접근하기 어려운 상태를 의미한다.

사람들은 좋은 교육, 깨끗한 물, 취업 기회, 자원, 보건, 몸에 좋은 음식, 그리고 기본적 욕구들에 대한 접근이 부족할 때 다양한 수준의 빈곤을 경험하게 되지만, 그로 인해 제약받지는 않는다. 하워드 서먼(Howard Thurman)은 그의 책 Jesus and the Disinherited에서, 사회 문화적으로 막다른 길에 몰려 있는 사람들을 몇 가지로 정의했다. 그는 그런 사람들을 가난한 사람들, 상속받지 못한 사람들, 그리고 소유하지 못한 사람들이라고 명명했다. 그는 다음과 같이 썼다.

> 궁지에 몰려있는 사람에게 종교와 기독교의 의미에 관해 설교하는 것을 들어본 경험은 다섯 손가락 안에 꼽을 수 있다. 나의 의도를 명확하게 하는 것이 시급하다. 사람들은 대부분 끊임없는 막다른 골목에 몰린 채 살아간다. 이들은 가난한 사람들이고, 상속받지 못한 사람들이고, 가진 것이 없는 사람들이다. 우리 종교는 그들에 대해서 무엇이라 말하고 있는가? 문제는 더 큰 문제를 갖고 있을지도 모르는 타인을 위해 그들이 무엇을 해야 할지를 상담해 줄 것인지가 아니라, 그들 자신에게 필요한 것이 무엇인지를 마주할 수 있게 하기 위해 종교가 무엇을 제공할 수 있는지에 대한 것이다. 아마도 이 질문에 대한 답을 찾는 것이 현대인에게 가장 필요한 종교적 과제일 것이다.[2]

가난한 사람들이 막다른 골목에 몰려 있는 것은 사실이다. 하지만, 더 큰 진실은 이런 종류의 빈곤은 하나님의 가족 안에서 집을 찾고 있는 사람들에게도 예외가 아니라는 것이다.

지난 15년간 빈곤과 노숙을 겪고 있는 사람들의 가까이에서 일하면서, 그들이 환경을 극복할 수 있도록 돕는 일에 가장 큰 장애물 중 하나가 다른 사람들이 그들을 이해하는 방식이라는 것을 발견했다. 가난한 사람들에 대한 가장 일반적인 가정들은 다음과 같다.

- 그들은 게으르고 교육 수준이 낮다.
- 그들의 빈곤은 자기가 선택한 것이다. 그들이 진심으로 원했다면, 신발 끈을 조여서라도 기운을 차리고 빈곤을 벗어날 수 있었다.
- 가난한 사람들에 대한 책임은 정부에 있다.
- 나는 가난한 사람들을 이해할 수도 없고, 나와 관계도 없다.
- 가난한 사람들은 범죄자들이다.
- 그들이 가난한 것은 그들의 잘못이다.
- 나는 그들을 돕는 방법을 모른다.
- 우리가 할 수 있는 일은 없다. 노숙인들이나 가난한 사람들은 항상 있을 것이다.
- 그들에게는 영적이고 도덕적으로 대단한 문제들이 있다.

부유한 사람들과 나머지 우리(The Rich and the Rest of Us)에서, 코넬 웨스트(Cornel West)와 태비 스마일리(Tavi Smiley)는 바바라 에렌라이히(Barbara Ehrenreich)를 인용하면서, 가난한 사람들이 오해받으며 악마처럼 다루어지는 이유에 대해 가난한 사람들에 대한 부정적인 오해들이 항상 원인이 되어왔다는 점을 알게 되는 데에 도움을 준다. 에렌라이히는 "오랫동안 인권에서부터 뿐만 아니라 일부 민주주의자들에서 나오는 이론은 빈곤이 당신의 성격에 어떤 문제가 있거나, 나쁜 버릇을 갖고 있고, 나쁜 생활 양식을 갖고 있으며, 잘못된 선택들을 해왔다는 것을 의미한다는 이론이다"라고 말한다.[3]

이 책에서 나는 가난한 사람들에 관한 우리의 오해들을 어느 정도

풀어내는 데에 도움이 되도록 빈곤을 겪고 있는 사람들의 이야기를 당신에게 이야기하고자 한다. 잠시 시간을 내서 자신에게 질문해보자. 나는 *가난한 사람들을 어떻게 보고 있는가? 나는 노숙과 빈곤을 겪고 있는 사람들에 관해 어떤 진실을 믿고 있는가?* 그리고 어쩌면 더 중요한 것은, 그러한 신념들이 어디에서 온 것인지를 점검하는 것이다.

우리는 종종 부모나 뉴스 미디어 또는 동료들로부터 어떤 것에 관한 신념을 물려받고는 한다. 하지만 가난한 사람들에 관한 우리의 선입견은 거의 사실이 아니다. 만약 그들에 대한 모든 가정들이 사실이 아니었다면 어떻게 될까? 우리는 누군가에게 가까이 다가가기 전에는 그들에 대해 완전하게 알 수 없다. 마틴 루터 킹(Martin Luther King Jr.)은 1962년에 아이오와주 마운트 버논의 코넬 대학(Cornell College)에서 다음과 같이 설명했다.

나는 사람들이 서로를 미워하는 것은 서로를 두려워하기 때문이라고 확신한다. 그들은 서로를 알지 못하기 때문에 두려워하며, 소통하지 않기 때문에 서로를 알지 못하고, 서로 분리되어 있기 때문에 서로 소통하지 않는 것이다.[4]

오늘날 그의 말은 사실처럼 들린다. 무엇인가를 진정으로 이해하기 위해서 때로는 직접 그것을 경험해 볼 필요가 있고, 아니면 적어도 그것을 경험해 본 사람의 이야기를 들어야 할 필요가 있다. 그럼, 당신이 가난한 사람과 노숙인들에 관한 신념이나 생각을 정형화하고 있다면, 당신이 노숙인을 경험한 적이 있거나 그런 사람의 말을 들어본 적이 있어서 그런 것일까? 당신이 이런 곤경을 겪고 있는 사람들을 두려워하는 것은 당신이 그들과 동떨어져 있어왔기 때문이 아닐까?

이 책의 나머지 부분에서 당신은 나의 이야기와 함께 노숙을 경험하고 있는 이들의 이야기를 듣게 될 것이다. 이 여정을 통해 나는 당신에게 물리적으로 당신의 집을 포기하라고 요구하지는 않겠지만, 적어도 당신은 그 모험에 정신적으로나마 기꺼이 참여하려 하게 될 것이다. 만약 그렇게 된다면, 이 책은 가난한 사람들을 다르게 이해하게 되는 여정으로 당신을 이끌어갈 것이다. 우리는 빈곤의 유행에 관한 고정관념과 오해, 책임과 해법에 관해 끝까지 이야기할 것이다. 또, 그 길을 따라가면서 당신은 자신의 빈곤에 관하여 무언가를 배우게 될 수도 있다.

첫째, 당신은 가난한 사람들에 관한 당신의 사고방식과 신념을 점검할 의지가 있는지 자신에게 질문해야 한다. 열린 마음을 갖는다는 것은 자신과 다른 삶의 걸음을 걸어온 다른 사람의 이야기를 주의 깊게 듣는 것을 의미한다. 열린 마음을 갖는다는 것은 자신의 신념과 반드시 일치하지는 않는 관점을 주의 깊게 듣는 것을 의미한다. 나는 가까이에 있는 사람을 싫어하거나 미워하는 것이 매우 어렵다는 것을 배웠다. 누군가의 미래에 대한 희망과 두려움, 꿈과 생각들을 알게 될 때, 당신이 얼마나 많은 공통점을 가졌는지를 보게 된다. 만약 당신이 하나님을 신뢰하기를 원한다면, 자신과 다른 누군가를 알아가보라.

한 올의 실이 옷에서 풀어지기 시작하면, 그 옷 전체가 위험해지는 이유는 그 실이 혼자서 떨어져 있지 않기 때문이다. 그 실은 보기에는 따로 떨어져 있는 것 같아도 전체 옷감에 연결되어 있다. 그 한 벌의 옷을 가진 사람은 어리석게 말할지도 모른다. "그 실이 고통받게 내버려 둬. 자기가 스스로 자처한 고난이니까." 아니, 옷 주인은 이렇게 말할 것이다. "그 실을 돌봐줘야 해. 그 실 한 올이 옷 전체를 상하게 할 수도 있으니까."

만약 우리가 가난한 이들을 돌보는 데 있어 같은 접근 방식을 가진다면 어떨까? 만약 우리가 한 사람의 고통을 단순한 개인의 문제가 아니라, 인류 전체를 이루는 거대한 연결망의 일부로 바라본다면? 우리는 모두 함께 존엄성(Dignity), 가치(Worth), 그리고 안전(Security)을 찾기 위해 씨름하고 있다. 그리고 그 긴 여정 속에서, 많은 사람들이 믿음을 통해 해답을 발견한다. 그 믿음은 경제적 지위가 정해진 훨씬 이전부터 우리 영혼을 괴롭혀온 빈곤으로부터 우리를 구원한다.

제 1 장

빈곤에 처한 이웃들

　　당신은 한 번이라도 자신이 사기꾼인 것처럼 느껴본 적이 있는가? 주변 사람들이 곧 당신의 실체를 알아차리고, 당신이 그들이 생각했던 만큼 훌륭한 사람이 아니라고 깨닫게 될 것만 같은 기분을 말이다. 2013년, 나는 일주일 동안 거리에서 생활할 준비를 하면서 바로 그런 생각을 하게 되었다. 내가 이 일을 결심한 이유 중 하나는 친구 커트에게 내가 하룻밤 동안 노숙인 쉼터에서 머물겠다고 약속했기 때문이다. 나는 그를 설득하여 쉼터가 길거리에서 지내는 것보다 나으리라는 것을 보여주려 했다(하지만 내 그런 내 생각이 틀렸다는 것을 곧 깨달았다). 또한, 나는 비록 단 일주일이라 할지라도 노숙이라는 현실을 직접 경험해 보아야 한다고 생각했기에 이 실험을 결심했다. 물론, 선택으로 거리에서 생활하는 것과 다른 대안이 없어서 거리에서 살아야 하는 것 사이에는 엄청난 차이가 존재하지만, 나는 가능한 한 그 현실에 가까이 다가가고자 했다.

　　노숙 생활을 시작하기 전날 밤, 나는 한숨도 잘 수 없었다. 어떻게 식량을 구할 것인지, 텐트를 마련할 수 있을지, 그리고 영하의 추위와 예보된 비를 맞으며 애틀랜타 도심에서 일주일을 버틸 수 있을지 고민했다. 나 자신의 안전도 걱정되었고, 나를 지켜볼 아이들이 이 일을 어떻게 받아들일지에 대해서도 생각했다. 과연 이 실험이 어떤 변화를 가져올 수 있을지, 정말로 도움이 될 만한 일이 될지 확신할 수 없었다. 나는 자신에게 끊임없이 질문을 던졌다.

이 일을 한다고 무엇이 바뀌는가?
나는 정말로 누군가를 도울 수 있을까?
과연 내가 이 일을 할 적임자인가?

이러한 두려움과 의심, 질문들이 머릿속을 맴돌며 밤을 지새웠다. 하지만 나는 이미 많은 사람에게 이 계획을 이야기한 상태였기 때문에 이제 물러설 수 없었다(그렇다고 해서 물러서고 싶지 않았던 것은 아니다).

그날 밤, 아내와 아이들은 나를 노숙 생활을 시작할 장소까지 차로 데려다주었다. 우리가 도착한 곳은 고속도로 옆다리 아래였다. 아내 세실리아가 나를 바라보며 말했다.

"이제 때가 되었어. 돌아갈 수 없어."

뒷좌석에 앉아 있던 딸 자이온이 물었다.

"아빠, 사람들을 도와줄 거예요?"

나는 딸에게 대답했다.

"그러길 바라고 있어."

그리고 뒷좌석 문을 열고 세 살배기 아들과 여섯 살배기 딸을 한 명씩 꼭 껴안으며 말했다. "크리스마스에 집에 돌아올게. 사랑해."

이미 해는 저물었고, 다리 아래를 집 삼아 생활하는 사람들의 텐트는 어둠 속에서 희미하게 보였다. 옆 언덕에서 흘러내린 빗물로 인해 땅은 축축하게 젖어 있었다.

나는 서로 몸을 기댄 채 모여 있는 사람들에게 다가갔다. 며칠 전 이곳을 방문해 내가 올 것이라고 미리 이야기한 적이 있었다. 그때 나를 만난 적이 있던 로버트라는 남성이 나를 알아보고는 두 팔을 벌려 달려왔다.

그는 어린 시절부터 거리에서 살다시피 한 사람이었다. 약물 중독으로 고통받았던 홀어머니 밑에서 자란 그는 결국 어머니의 뒤를 따라 같은 길을 걷게 되었고, 지금의 처지에 이르게 되었다. 나는 로버트를 보며

'집이라 부를 수 있는 곳'을 찾고 있는 수많은 사람들을 떠올렸다.

그는 정말 친절한 사람이었다. 겸손하고, 유머 감각이 뛰어나며, 환대하는 태도를 지닌 사람이었다. 그리고 내게 처음으로 말을 걸어온 사람이었다. 그는 내게 다가와 내 이야기를 물었다.

내가 왜 그곳에 있는지 알게 되자마자, 로버트는 자진하여 내가 생존하는데 필요한 여러 물건들을 모으는 일을 시작했다. 그는 주변의 여러 텐트와 담요에 둘러싸인 사람들 사이를 돌아다니며 여분의 물건이 있는지 확인했다. 그것도 놀라운 일인데, 그리 오래 걸리지 않아서, 그는 이미 한정된 자원 속에서 텐트 하나와 몇 장의 담요를 모아왔다. 나는 그 물건들을 받을 수 없다고, 나보다 그들에게 더 필요하다고 말하려 했지만, 그는 완강했다. "우리는 함께 있어야 해. 여기서는 이렇게 하는 거야." 안심시키려는 그의 말과 내 운동복 셔츠 사이로 스치는 바람이 내 거절하려는 마음을 녹여 주었고, 나는 그를 포함한 다른 사람들이 따뜻하게 환영해 준 것에 감사한 마음이 들었다.

내 텐트를 치고 담요들을 깔고 나니, 마치 캠핑을 온 것처럼 보였다. 하지만 내 주위에 보이는 아픈 사람들, 배고픈 사람들, 추위에 떠는 사람들과 희망이 없이 떠는 사람들은 분명 캠핑을 온 것이 아니었다. 이들은 생존을 두고 싸우고 있었다.

다른 한 남성이 내 텐트로 걸어오자, 로버트는 우리를 소개시켜 주었다. 마크(Mark)도 다리 밑에서 생활하고 있었다. 나는 그에게 이곳에서 생활한 지 얼마나 되었는지 물었다. 우리가 이야기를 나누고 있을 때, 그곳의 다른 사람들이 전화기를 충전하고 음식도 가져오기 위해 쉼터에 가기로 했다. 우리도 그들과 함께하기로 했다. 여전히 비가 쏟아지고 바람도 불고 있었지만, 우리는 여러 상황을 지나며 1.5마일 정도를 계속해서 걸었다.

온몸이 흠뻑 젖어 얼어버릴 것 같은 추위에 몸을 부들부들 떨면서, 우리는 마침내 쉼터에 도착했다. 시내에 있는 쉼터는 사람들로 붐볐다. 우리가 앉을 수 있는 자리는 땅바닥 아니면 로비에 널려있는 몇 개의 금속

의자들밖에 없었다. 이제 겨우 몸을 데우며 죽었던 전화기를 다시 살리기 시작하자, 직원이 우리에게 "이보세요, 이제 나가셔야 합니다. 밤에는 문을 닫아요"라고 말했다.

내 친구들을 돌아보니, 여전히 상황이 좋지 않은 바깥으로 다시 돌아가야 한다는 생각이 들었다. 나는 직원에게 "우리가 여기에 잠시만 있으면 머물면 안 될까요? 오늘 밤에 바깥은 10도까지 떨어질 정도로 춥다고요"라고 물었다.

그 직원은 이렇게 말했다. "나한테 화내지 말아요, 당신들이 이런 생활을 선택한 거니까(정확히 그가 이렇게 말했다)."

어떤 대답을 해야 할지 몰라서, 내 친구들과 나는 물건들을 챙겨서 밖으로 발걸음을 돌렸다. 타샤(Tasha)가 나에게 기대며 말했다. "봐요. 이게 당신이 노숙인처럼 보일 때 사람들은 당신을 이렇게 대하는 거예요." 나는 계속해서, 이런 대우를 받을 때는 어떻게 집을 찾아야 하는지를 나 자신에게 되물었다.

나는 이런 까다로운 쉼터에서는 사람들이 로비에서 밤새 숙박하는 것을 허용하지 않으며, 노숙하는 사람들은 다른 장소로 옮겨야 하기 전까지의 짧은 시간 동안만 거기서 머물 수 있다는 것을 나중에야 배웠다. 그런데, 그 쉼터는 다른 층에 노숙인들이 잠을 잘 수 있는 프로그램을 운영하고 있었다. 하지만 약물 중독자만 거기에서 잠자리를 받을 수 있는 데다가, 프로그램마다 일정 수의 인원만 수용할 뿐이었다.

마크가 말했다. "갑시다. 길을 따라서 1마일(약 1.6km)만 걸어 내려가면 다른 쉼터가 있어요." 나는 비와 추위 속에서 1마일을 더 걷는다는 것을 상상조차 할 수 없었지만, 조용히 따라갔다. 우리는 아직 저녁 식사로 아무것도 먹지 못한 상태여서, 마크에게 음식을 어떻게 구할 수 있냐고 물었다. 그는 "나도 모르지요"라고 대답했다. "기도해요. 누군가 우리에게 뭔가를 좀 가져다주기를 기도해야죠."

아무도 우리에게 어떤 것도 가져다주지 않았고, 다음 쉼터에도 마찬가지로 우리가 얻을 수 있는 것은 어떤 것도 어떤 자리도 없었다. 우리는 여전히 젖어 있었고, 여전히 추위에 떠는 채로 외면당했다. 마크는 우리가 기대할 수 있는 최고의 선택은 음식을 구걸하는 것이라고 했다. 그는 빗속에 서서 먹을 것을 구할 돈을 구걸할만한 사람이 많은 길모퉁이로 나를 데려갔다. 내 전화기는 방전되어가고 있었고, 양말과 신발은 젖었고, 그리고 누구도 우리에게 아무것도 주지 않았다. 다른 선택도 갈 곳도 없는 채, 우리는 집으로 가기로 했다. 우리는 다리 밑에 있는 우리 자리로 걸어서 돌아왔고, 나는 텐트 안에서 웅크린 채, 잠이라도 들면 밤이 빨리 지나가지 않을까 생각했다. 나에게는 골판지 같이 텐트 바닥에 깔만한 것이 하나도 없었다. 그래서 얇은 비닐 텐트 바닥에 누우니, 내 바로 아래에 있는 돌, 울퉁불퉁한 바닥, 날카로운 모서리와 땅바닥의 젖은 진흙이 전부 느껴졌다.

나는 몇 분도 채 버티지 못하고 텐트 밖으로 나가서 로버트에게 가서 물었다. "어떻게 그럴 수 있는 거죠? 이런 땅바닥에서 어떻게 잘 수 있냐고요."

"나도 몰라요, 그냥 그렇게 자야 하는 거죠."

나는 내 텐트로 돌아와서, 돌멩이들 위에 누운 채 잠들기 위해 애썼다. 내 발가락들은 젖은 채 12월의 추위에 마비되어갔다. 기온이 떨어지면서 자갈들이 더 딱딱해지는 것 같았다. 몇몇 텐트들은 조금이라도 여열이 더해지기를 기대하며-그렇지 않을 수도 있지만-서로 가깝게 붙어있었다. 사람들은 그런 날씨 때문에 좌절하고 있었고, 밤새 무사할 수 있을지 걱정하고 있었다. 나도 같은 걱정을 했다.

몇 분 후, 나는 내 텐트 옆에 있던 사람들이 서로 욕하는 것을 들었다. 한 여성이 그녀의 옆에 있는 남성에게 욕하며 소리치고 있었다. "그거 어디 있어? 어디 있냐고?" 그 남성은 계속해서 반복적으로 "나도 몰라. 당신이 뭘 말하는지 나도 모른다고"라고 대답했다.

나는 그들이 무엇 때문에 싸우는지 보기 위해 내 텐트 밖으로 머리를 내밀었다. 그들은 물통을 잃어버렸다고 말했다. 나는 텐트 안으로 다시 들어왔고, 몇 분 더 그들이 싸우는 소리를 들었다. 나는 사람들과 생필품을 두고 싸워본 적이 없다. 교통체증이 있는 중에 누군가 끼어든 것도 아니고 어디서 저녁을 먹을 것인지에 관해 말싸움하는 것도 아니다. 그들은 물을 두고 싸우고 있었다!

잠이 들려 애쓰고, 잠이 깨고, 밖에 있는 사람에게 말하고, 내 손가락과 발가락의 감각을 잃어가고, 그리고 다시 잠이 들려 애쓰는 일을 주기적으로 반복하며 밤을 새웠다. 그렇게 내가 샘(Sam)이라는 남성과 이야기를 나누기 시작했다. 우리는 밤새 따뜻하게 지내라고 기부받은 옷 중 남은 것을 그 무리의 사람들이 태우고 있는 쓰레기통 옆에 나와 서 있었다. 샘은 조용했지만, 가끔 자기 이야기를 해주었다. 그는 어렸을 때 결혼했지만 아내가 자기를 속이고 있다는 것을 알게 되었다고 했다. 그녀는 그에게 HIV를 전염시켰고, 얼마 지나지 않아 그를 떠났다.

그는 애틀랜타로 이주하여 비정규직을 얻었지만, 좌절과 고독에 지속적으로 시달렸다. 결국, 좌절을 이기지 못하게 되었을 때, 그는 출근하려 일어날 수 없었고, 자신의 절망을 어떻게 표현해야 할지도 알 수 없었다. 아무것도, 어떤 것도 알 수 없는 불확실성에 떠밀려, 그는 십여 명의 사람들과 고속도로의 한구석에 자리 잡은 물리적 빈곤의 나락으로 깊이 빠져들게 되었다. 그의 고립을 생각할 때마다 나는 슬픔에 빠진다.

나는 그에게 내 발에 관해 물었다. "당신은 이럴 때 어떻게 해요? 발가락이 너무 추워서요." 이 말을 듣고 그는 자기 텐트 안에서 기부받은 마지막 양말 한 켤레를 나에게 가져다주었다.

"당신에게 필요한 것 아니예요?" 내가 물었다.

"아, 정말, 당신이 써도 돼요. 밤 동안은 견딜 수 있을 거예요."

아무 가진 것도 없는 이 사람들의 관대함에 너무 놀라고 또 놀란 채, 나는 그에게 더 필요한 것이니 받을 수 없다고 했다. 우리는 불 가에서 몇 분을 더 함께 있었다. 내 친구 마크가 야구장 너머로 고속도로가 내려다보이는 언덕에 서 있는 것이 보였다. 나는 그에게 걸어가서 한동안 아무 말 없이 곁에 서 있었다. 그는 우리 곁을 지나가는 차들을 바라보았다.

마크가 침묵을 깨면서 말했다. "차들을 봐요. 모든 사람들이 저렇게 그냥 스쳐 지나가는 게 보이죠? 왜 사람들이 차를 멈춰서 우리를 보지 않을까요? 저 사람들은 우리가 여기 위에 있다는 걸 알아요. 우리가 이 위에 있다는 걸 안다고요."

그는 머리를 흔들며 이 말을 반복했다. "그들은 우리가 여기에 있는 걸 알아요. 그들은 우리가 이 위에 있는 걸 알아요."

그리고, 그가 옳았다. 우리는 안다. 우리는 우리나라에서 백만이 넘는 사람들이 배고픈 채 잠자리에 든다는 것을 안다. 우리 도시에 이런 사람들이 수천 명이나 있다. 그들 대부분은 우리의 이웃들이고, 우리 바로 옆집에 있다.

무엇이 우리를 구분하는 것일까? 무엇이 우리를 멀어지게 할까? 무엇이 이 알 수 없는 구별을 만들어냈을까?

빈곤 극복의 진실

솔직히, 아무리 좋게 말한다고 해도 우리는 가난한 사람들과 다리 아래에서 사는 남자와 여자, 어린이들에 대해 무관심했다. 우리는 대부분 실제로 이렇게 행동하도록 배워왔다. 당신의 부모님은 당신이 길에서 구걸하는 사람을 보고 지나칠 때 어떻게 했는가? 앞을 똑바로 봐라. 눈 마주치지 마라. 우리가 가난한 사람들과 노숙인들을 그렇게 대하고 있다는 데에 내기라도 걸 수 있다. 우리 대부분은 이 사람들을 무시한다.

몇 달 전 뉴욕에 방문했을 때, 나는 그곳에 사는 한 친구와 지하철을 탔다. 잔돈을 구걸하는 한 남자가 우리 칸에 올라타자, 내 친구는 나를 끌어당기며, "쳐다보지 마. 네가 그를 알아본 것을 알면, 그 사람이 너를 가만두지 않을 거야. 그냥 무시해"라고 말했다. 나는 우리 앞에 있는 고생하는 사람을 피하는 방법을 말하는 내 친구의 무뚝뚝한 지시에 놀랐지만, 그가 대부분 사람이 생각하는 대로 말했다고 생각한다.

어둡고 비가 내릴 때 우리의 창문 곁에 그들이 서 있을 때라면, 우리는 그들을 더 쉽게 지나친다. 우리는 이것도 합리화한다. "내가 뭘 어떻게 해줄 수 있겠어? 도와줘도 술을 먹는 데에 돈을 쓰면 어떻게 하지? 그리고 난 현금이 없기도 하다고." 그래서 앞을 똑바로 보고 극심한 고통이 담긴 얼굴을 지닌 사람들을 보지 않는 선택을 더 쉽게 한다. 왜? 고통을 겪는 누군가를 인정하는 선택을 하는 순간, 우리는 사랑과 관용과 은혜에 응답할 것인지를 결정해야 하기 때문이다.

나는 이 책을 읽는 사람들이라면 대부분이 어색한 줄다리기를 하는 것처럼 느끼거나, 당신처럼 무엇인가를 더 해야 할 것처럼 느낄 것이라 확신한다. 하지만 신호가 녹색으로 바뀌면, 우리는 변두리에 있는 사람이 여전히 빗속에서 허기진 채 서 있다는 것을 금세 잊는다.

우리는 미국 사회에서 누군가에게는 도움이 되고, 다른 이들은 다치게 하는 정책들로 구성된 구조 안에 살고 있다. 오늘날 많은 이들은 지금의 미국이 어느 때보다도 공평하고 공정하다고 말할 수도 있다. 나는 그런 느낌이 어느 정도 진실성이 있다고는 생각하지만, 우리가 살고 있는 현재를 이해하는 데에 도움이 될 몇 가지 기억할 것이 있다.

1968년에 시민권 운동이 끝났다. 단 *50년* 전만 해도, 아프리카계 미국인 남성과 여성과 어린이들은 미국 법 아래에서 평등하게 보이기 위해 투쟁하고 있었다. 겨우 50년 전 사람들은 그들의 피부색으로 인해 기본적인 시민권을 거부당했다. 지금의 인구 중 많은 이들이 그 운동의 과정을 지나며 살아왔다. 그러면 우리는 그 효과로 단 50년 전까지 인종 전체를 억압했던 구조와 정부를 더 이상 느낄 수 없다는 것을 어떻게 합리적으로 믿을 수 있을까? 그 영향들과 편견들과 고통은 여전히 느껴지고 있다. 구조적인 인종주의가 오늘날에도 여전히 남아있는 것과 마찬가지로, 우리 사회는 여전히 누군가는 높여 주는 반면에 누군가는 아래로 내리누르는 구조의 영향을 느끼고 있다. 인종차별보다 이것이 더 원인이 되고 있고, 우리가 빈곤의 배후에 있는 특별한 원인들에 관해 탐구하겠지만, 지금은 더 큰 그림에 관해 말하고 있는 것이다.

더 크고 거대한 이야기가 있다. 사람들이 차별 대우를 받는 곳, 그리고 외모나 소유, 지인들과 사회경제적 지위 등으로 인해 사람보다 못하게 대우받는 사람들이 있는 곳에 관한 이야기다. 성경에서 하나님은 가난하고 소외된 자들을 향해 멸시하는 것을 경멸하신다. 솔로몬은 이 강력한 진리를 잠언서에 기록했다.

> 가난하다고 하여 그 가난한 사람에게서 함부로 빼앗지 말고,
> 고생하는 사람을 법정에서 압제하지 말아라.
> 주님께서 그들의 송사를 맡아 주시고,
> 그들을 노략하는 사람의 목숨을 빼앗으시기 때문이다.
> (잠언 22:22~23)

우리는 우리가 그리고 우리 사회를 통치하는 권력이 누군가를 불공정하고 불공평하게 다룰 수 있는 권한을 가지고 있다는 생각에 대항해야 한다. 우리가 구조로부터 이익을 얻고 있을 때는 그 배후에 있는 부정을 알아보기 어려울 뿐 아니라, 우리에게 이익이 되지 않을 수도 있는 방식으로 구조를 바꾸는 일은 훨씬 더 어렵다. 인터넷에서 잘 알려진 데이비드 가이더(David Gaider)가 인용한 글은 이런 감정을 반영하고 있다. "특권이란 당신이 어떤 문제에 대하여 당신에게 개인적으로 문제가 되지 않기 때문에 문제가 아니라고 생각할 때를 말한다."[1]

한동안 나는 사람들이 빈곤과 노숙에서 벗어날 수 있도록 도울 방법에 대해 깊이 생각했다. 내가 어렸을 때, 나는 미국인의 좌우명 같은 "누구나 아메리칸드림을 성취할 수 있다"라는 말을 받아들였고, 그 말은 어려움을 겪고 있다면 반드시 "신발 끈을 조여 매고 더 열심히 일하라!"는 말이라고 이해되었다. 이러한 신념들이 우리 문화에 깊이 뿌리를 내리고 있는데, 당연히 더 열심히 일할 수 있고 자신들의 상황에서 스스로를 건져낼 수 있는데도 길거리에 있는 사람들에 대해 우리가 왜 걱정해야 하는 걸까?

브루킹스 연구소(Brookings Institution)의 보고서는 이 말이 실제로는 부자들을 부유하게 하고 가난한 사람들을 가난에 머물게 할 가능

성이 있음을 보여준다.

정체된 소득과 감소하는 임금으로 인해 부모 세대보다 더 나은 삶을 사는 미국인이 줄어들고 있다. 한때 절대적 세대 간 소득 상승 이동성은 미국 청년들 사이에서 거의 보편적인 경험이었다. 하지만 이제 더 이상 그렇지 않다. 기회 평등성 프로젝트(Equality of Opportunity Project) 연구진에 따르면, 1940년에 태어난 사람들의 경우 약 90%가 부모보다 더 높은 소득을 경험하며 성장했다. 그러나 1980년대에 태어난 사람들 사이에서는 그 비율이 50%에 불과했다.[2]

존스 홉킨스 대학교(Johns Hopkins University) 연구진은 800명의 학생을 25년 동안 추적한 결과, 학생들의 미래는 대부분 그들이 태어난 가정에 의해 결정된다는 사실을 발견했다.

거의 30세에 이른 연구 대상자들 중 절반에 가까운 이들이 부모와 같은 사회경제적 지위에 머물렀다. 가난한 사람들은 여전히 가난했고, 부유한 사람들은 여전히 부유했다.
저소득 가정에서 태어나 성인이 된 후 고소득 계층으로 이동한 사람은 단 33명이었으며, 가족 배경이 자녀의 이동 가능성에 영향을 주지 않았다면 약 70명이 그렇게 되었을 것으로 예상되었다. 반면, 부유한 가정에서 시작한 사람들 중 저소득 계층으로 떨어진 경우는 19명에 불과했으며, 이는 예상치의 4분의 1 수준이었다. 또한, 저소득 가정 출신 아이들 중 28세까지 대학 학위를 취득한 비율은 단 4%였던 반면, 고소득 가정 출신 아이들은 45%가 대학 학위를 갖고 있었다.[3]

빈곤의 악순환이 계속되는 데에는 수십 가지 이유가 있다. 이제 빈곤을 극복하는 데 있어 가장 단순한 장애물 중 하나를 살펴보고 분석해 보자(물론, 이것은 복잡한 문제의 작은 일부일 뿐임을 염두에 두어야 한다). 빈곤에서 벗어나거나, 최소한 길거리에서 벗어나기 위한 첫 번째 단계가 될 수 있는 한 가지는 직업을 구하는 것이다. 가장 기본적으로, 빈곤을 겪는 사람들은 생존을 위해 필요한 것들을 얻기 위해 자원과 돈이 필요하다. 예를 들어, 우리는 건강한 사람을 가정해 보자. 즉, 노인이거나 장애가 있는 참전용사, 만성 질환으로 고통받는 사람이 아닌, 이러한 문제들로 인해 더욱 극복하기 어려운 장애물을 가진 사람이 아닌 경우다. 우리가 거리에서 흔히 마주치는, 이론적으로 생각했을 때 일을 구할 수 있을 것 같은 사람을 예로 들어보자.

논리적으로 볼 때, 직업을 구하려면—이웃의 잔디를 깎거나 기타 잡일을 하는 것이 아닌 이상—신분증(ID)이 필요하다. 내가 사는 조지아주에서는 신분증을 신청하기 위해 다음과 같은 서류가 필요하다.

- 신분을 증명할 수 있는 서류(예: 여권 또는 출생증명서)와 사회보장번호(Social Security Number)를 증명할 수 있는 서류(예: 사회보장카드 원본 또는 사본, 혹은 W-2 양식)가 필요하다. (사실 대부분의 성인조차도 자신의 출생증명서나 사회보장카드가 어디에 있는지 모르는 경우가 많다. 특히 거리에서 생활하거나 임시 거처를 전전하는 사람들에게는 더욱 그렇다. 게다가, 신분증이 필요한 이유가 직업을 구하기 위한 것이라면, W-2 양식 같은 서류를 가지고 있을 가능성도 낮다.)
- 조지아 거주를 증명할 수 있는 서류 두 가지가 필요하다. 예를 들면, 최근 2년 이내에 발급된 공과금 청구서, 최근 2년 이내에 발급된 금융 거래 명세서(은행, 신용카드 등), 또는 현재 유효한 임대 계약서 등이 해당된다. 하지만 이는 노숙 상태에서 벗어나려 하거나 주거 불안정을 겪고 있는 사람들에게 큰 장애물이 된다. 이들은 한곳에 거주하고 있음을 증명하기 어렵거나, 은행 계좌

자체를 가지고 있지 않을 가능성이 크기 때문이다.
- 신분증 발급 수수료 32달러를 지불해야 한다. 이것도 흥미로운 장벽이다. 대부분의 사람들에게는 그리 큰돈처럼 느껴지지 않을 수도 있고, 별로 대수롭지 않게 여겨질 수도 있다. 하지만 이제 이렇게 상상해 보자. 당신은 자신의 신분을 증명하려고, 즉 자신이 존재한다는 사실을 증명하려고 애쓰고 있다. 그런데 단지 32달러를 마련하지 못했다는 이유로 이를 거부당한다. 단지 얼마 안 되는 돈이 없다는 이유로 당신은 자신의 신분을 증명할 수 없는 것이다.

*워싱턴 포스트(Washington Post)*에 인용된 채드 던(Chad W. Dunn) 변호사의 글이다.

나는 거의 매주 신분증을 발급받지 못하는 사람들의 이야기를 듣는다. 그 이유는 빈곤, 교통 문제, 혹은 정부의 무능함 때문이다. 때때로 공무원조차도 법에서 요구하는 것이 무엇인지 제대로 알지 못한다. 사람들은 이른바 무료 출생 증명서를 받기 위해 하루 일을 쉬고 관공서에 간다. 가난한 사람들은 차도 없고 인터넷 접근도 어렵다. 그럼에도 불구하고 아침 일찍 일어나 버스를 타고, 몇 번이나 환승하고, 한 시간씩 줄을 선다. 그리고는 결국 서류가 부족하다거나 예상치 못한 비용이 든다는 말을 듣는다. 그들에게는 그 돈조차 없다. 결국, 많은 사람들이 포기해 버린다.[4]

이것은 단지 신분증을 얻기 위한 장애물들일 뿐이다. 하지만 신분증을 갖는 것은 그저 일자리를 구하는 첫걸음에 불과하다.
이제, 누군가 이 모든 어려움을 극복했다고 가정해 보자. 그는 마침내 신분증을 얻었고, 운 좋게도 일자리까지 구했다. 그렇게 해서 얻은 일이 2018년 조지아주의 최저 임금인 시간당 7.25달러를 지급하는 직업이라고 해보자. 주 40시간을 일하면, 주당 290달러, 연간 최대 15,080달러를 벌게 된다. 지금 당신의 생활 방식과 감당해야 할 것들을 감안했을 때, 이 돈으로 생활할 수 있을까?

대부분의 빈곤 가정은 외벌이 가정이다. 즉, 연간 15,080달러가 세 가족 혹은 네 가족의 생계를 책임지는 유일한 수입이 된다. 이는 열악한 생활 환경, 영양 부족에 시달리는 아이들, 그리고 빈곤에서 벗어날 수 있는 지원이 거의 없는 현실로 이어진다. 물가는 계속 오르는데 임금은 그대로라면, 사람들이 안정적인 삶을 유지하기는 점점 더 어려워진다. 여기에 예기치 못한 일이 벌어진다고 생각해보자. 배우자가 갑자기 세상을 떠났다면? 속도위반 딱지를 끊겼다면? 불치의 병으로 인해 꼭 필요한 약을 사야 한다면?

우리는 지금 단순히 숫자만 이야기하고 있다. 하지만 삶의 질이나 가난 속에서 성장하며 겪는 감정적인 고통까지는 이야기하지 않았다. 아서 도브린(Arthur Dobrin)은 보스턴 어린이 병원(Boston Children's Hospital)의 연구 결과를 인용하며, 심각한 심리적·육체적 방임이 아이들의 뇌에 측정 가능한 변화를 일으킨다고 보고했다.[5]

가난 속에서 자라는 아이들은 극심한 스트레스를 경험한다. 그들은 배고픔을 참아야 하고, 다음 주에 어디에서 잘지도 확신할 수 없는 데다가, 폭력적인 환경에서 생활하는 경우가 많고, 평균적인 미국인보다 거주지를 두 배 더 자주 옮기며, 강제 퇴거를 당할 확률이 다섯 배 더 높으며, 또한, 학교에서도 괴롭힘을 당할 가능성이 더 크기 때문이다.

스트레스와 빈곤은 서로 깊이 얽혀 있다. 이러한 환경에서 살아가는 사람들은 양질의 의료 서비스를 받기 위해 싸워야 하며, 더 건강한 삶의 방식을 유지하는 것조차 어려운 현실과 맞서야 한다. 그리고 만성적인 스트레스는 심장병, 고혈압, 당뇨병, 우울증과 같은 질병의 위험을 더욱 높인다. 이 모든 어려움과 싸우면서 건강하고 균형 잡힌 삶을 유지할 수 있을까? 빈곤에서 벗어나는 것은 단순히 물리적인 장애물만 극복하면 되는 것이 아니다. 감정적인 부담까지 더해지면, 거의 불가능에 가깝다. 우리가 흔히 생각하는 것처럼 그렇게 단순한 문제가 아니다. 나는 아틀란틱(Atlantic)의 길리언 화이트(Gillian B. White)가 쓴 빈곤에서 벗어나려면 20년 동안 아무 문제도 없어야 한다(Escaping Poverty Requires Almost 20 Years with Nearly Nothing Going Wrong)라는 기사를 읽고 충격을 받았다. 그녀는 이렇게 썼다.

노예제, 경제 정책, 기술 변화, 로비의 영향력, 세계화 등의 요인으로 인해 미국에 불평등이 형성되었다. 그 결과로 남겨진 것은 무엇일까? 이것이 바로 MIT 경제학자 피터 테민(Peter Temin)이 자신의 저서 사라지는 중산층: 이중 경제 속의 편견과 권력(The Vanishing Middle Class: Prejudice and Power in a Dual Economy)에서 탐구하는 핵심 질문이다. 테민은 수십 년간 불평등이 심화된 결과, 미국은 사실상 두 개의 계층으로 나뉘는 사회가 되었다고 주장한다. 하나는 소수의 상류층으로, 주로 백인으로 구성되어 있으며 자금, 권력, 정치적 영향력을 불균형하게 장악하고 있다. 다른 하나는 훨씬 더 큰 규모의 하류층으로, 소수 인종이 큰 비율을 차지하지만, 여전히 대다수는 백인이다. 그리고 이들은 너무도 자주 상류층의 결정과 변덕에 휘둘린다.

테민은 그가 "이중 경제(dual economy)"라고 부르는 구조 속에서 두 가지 유형의 노동자를 구분한다. 첫 번째 그룹은 고급 기술을 갖춘 숙련 노동자와 대학 학위를 가진 관리자들로, 금융, 기술, 전자 산업에 집중되어 있다. 이들은 높은 연봉을 받으며, 테민은 이들을 "FTE(Finance, Technology, Electronics) 부문"이라고 부른다. 이들은 미국 전체 인구 약 3억 2천만 명 중 약 20%를 차지한다. 두 번째 그룹은 저숙련 노동자들로, 테민은 이들을 단순히 "저임금 부문(low-wage sector)"이라고 부른다.[6]

빈곤과 존엄성

　　내 친구 존은 애틀랜타의 저소득 주택 지역에 사는 아이들을 돕는 일을 한다. 그는 특히 한 가족과 가까워졌고, 그 집 아이들의 엄마가 다시 일어설 수 있도록 돕기 시작했다. 특히, 급식 쿠폰 같은 지원을 받는 과정에서 그녀를 도왔다.

　　그들은 도시에서 한참 떨어진 정부 기관 건물로 들어갔다. 자동차로 가는 데는 약 45분이 걸렸지만, 대중교통을 이용하면 약 3시간이 걸리는 거리였다. 존과 낸시는 작은 방으로 들어섰다. 방 한쪽에는 열 대의 컴퓨터가 놓여 있었고, 사용을 기다리는 사람만 오십 명이 넘었다. 모든 컴퓨터 옆에는 복잡한 로그인 절차가 적힌 안내문이 붙어있었다.

　　"저처럼 컴퓨터를 사용하고 글을 읽을 줄 아는 사람에게도, 그 안내문은 상당히 복잡하게 느껴졌어요." 존이 내게 이렇게 말했다.

　　안내문에는 양식을 올바르게 작성하지 말 것이라고 적혀 있었다. 시스템에 접근하려면 첫 번째 양식을 일부러 틀리게 작성해야 했다. 컴퓨터 시스템이 업데이트되지 않았기 때문에, 기존 수혜자들이 갱신하려면 본인이 처음으로 급식 쿠폰을 신청하는 것처럼 기재해야만 신청서를 작성할 수 있었다.

　　"그 사람 다음에는 수많은 질문이 담긴 신청서를 작성해야 했어요. 결국, 양식을 제출하는 데만 한 시간 반이 걸렸어요." 존이 말했다.

　　낸시는 안내문을 읽을 수 없었기 때문에, 존이 그녀와 함께 앉아 질문 하나하나를 설명해 주고, 답을 작성하는 것을 도왔다.

　　"여기 있는 사람들 중에는 글을 잘 읽지 못하는 사람들도 있고, 컴퓨터를 거의 사용해 본 적 없는 사람들도 많아요. 나는 두 사람이 신청서를 끝까지 작성하지도 못하고 그냥 나가는 모습도 봤어요. 그런데도 열 명의 신청자를 돕는 직원은 단 한 명뿐이었어요."

　　신청서를 제출한 후에도 즉시 승인되지 않는다. 즉, 신청을 마쳤다고 해서 바로 급식 쿠폰을 받을 수 있는 것이 아니다.

존은 내게 이렇게 말했다. "나는 그곳에서 일하는 직원에게 물었어요. '낸시가 당장 도움을 받을 방법이 있을까요?' 낸시는 급식 쿠폰을 다 써버렸고, 집에 음식이 하나도 없었어요. 나는 '긴급 급식 쿠폰'이라는 것이 있다고 들었기에, 낸시가 그 혜택을 받을 자격이 있는지 알고 싶었어요. 그러자 그 직원이 나를 쳐다보며 짜증스럽게 말했어요. '그냥 네가 가서 음식 좀 사주면 되잖아.' 그게 음식이 없는 사람에게 주어진 유일한 선택지였어요." 그리고 존은 결론을 내렸다.

"이 시스템에는 인간의 존엄성이 없었어요."

사람들은 이 시스템을 이길 수 없으며, 이 시스템은 빈곤에서 벗어나려는 사람들에게도 실질적인 도움을 주지 못한다. 나는 사람들이 흔히 가지는 빈곤에 대한 오해를 바로잡고 싶다. 빈곤이 언제나 개인의 선택이라는 생각, 빈곤에서 벗어나려면 단순한 공식을 따르면 된다는 믿음, 빈곤이 자신과 상관없다면 무시해도 된다는 태도. 하지만 현실은 다르다. 사실 나도 이런 상황에 놓일 수 있었다는 것을 자주 깨닫는다. 우리는 종종 잊고 있다. 단 한 순간, 우리를 지탱해 주는 지원 체계가 사라진다면, 우리의 삶도 한순간에 무너질 수 있다는 사실을.

몇 달 전, 우리 비영리 단체에서 필요한 가정들에게 식료품을 나눠주는 날이었다. 그때 흰색 메르세데스 한 대가 센터 앞에 멈춰 섰다. 보통은 우리 센터에 고급 차량이 찾아오는 일이 거의 없었기에, 모두가 자연스럽게 그 차를 쳐다보았다. 차에서 한 여성이 내렸다. 그녀는 조용히 줄을 서서 기다렸다.

나는 그녀에게 다가가 조심스럽게 물었다. "안녕하세요, 봉사하러 오신 건가요?"

그녀는 고개를 저으며 답했다. "아니요. 여기서 물품을 나눠준다고 해서 왔어요."

나는 부드럽게 말했다. "잠시 저랑 같이 걸어가실 수 있을까요? 저쪽에 다른 입구가 있어요." 우리는 건물 뒤쪽으로 천천히 걸어갔다. 나는 그녀의 상황을 더 잘 이해하기 위해 몇 가지 질문을 했다.

그때 갑자기 그녀가 울음을 터뜨리며 말했다. "여기 오는 게 너무 부끄러워요. 6개월 전에 직장을 잃었어요. 그리고 지금 모든 걸 잃어가고 있어요. 저는 박사 학위까지 있는데… 이렇게 와서 식료품 지원을 요청해야 한다는 게 너무 수치스러웠어요."

내가 이 이야기를 공유하는 이유는 그녀를 평가하거나 깎아내리려는 것이 아니다. 이 이야기를 통해 전하고 싶은 메시지는 단 하나—우리 모두는 단 하나의 상황만으로도 다른 위치에 놓일 수 있다는 사실이다.

나는 그녀를 센터의 뒷문으로 안내하며, 여기에 오는 것이 절대 부끄러운 일이 아니라는 점을 전하려 했다. 우리 단체는 그녀에게 필요한 자원을 지원할 수 있었다.

나는 그녀를 다시 차까지 데려다주었다. 그녀는 다시 눈물을 흘리며 나를 꼭 안아주었다. 그리고 조용히 말했다. "여기에 있어 주셔서 감사합니다."

분명히 할 것이 있다. 나는 이 이야기를 통해 우리 단체나 나 자신을 자랑하려는 것이 아니다. 또한, 전 세계의 문제를 자선 활동만으로 해결할 수 있다고 주장하는 것도 아니다. 이 이야기를 나누는 이유는 단 한 가지다. 우리가 할 수 있는 지원이란, 사회에서 소외된 사람들이 완전히 잊혀지지 않도록 돕는 것, 단순히 일시적인 도움을 주는 것을 넘어, 그들이 여전히 '보이는 존재'이며, 사회에서 설 자리가 있음을 상기시키는 것, 이것이야말로 진정한 의미의 지원이다.

빈곤의 이야기는 저마다 다르고, 독특하며, 예상치 못한 방식으로 펼쳐진다. 사람들은 다양한 이유로 이러한 상황에 처하게 된다. 빈곤은 형태에서도 물리적 빈곤(집이나 옷과 같은 기본적인 생필품이 부족한 상태) 또는 영적 빈곤(인간관계, 삶의 목적, 가족 또는 사랑이 결핍된 상태) 등으로 다양하다.

일부러 노숙 생활을 했을 때, 얇은 텐트 바닥 아래에서 느껴지던 날카로운 돌멩이들의 감촉을 나는 절대 잊지 못할 것이다. 차가운 비를 맞으며 걷던 순간과 잔돈을 구걸하며 느꼈던 깊은 수치심도 잊지 못할 것이다. 그리고 나를 지나치면서 마치 내가 존재하지 않는 것처럼 외면했던 사람들의 얼굴도 선명히 기억한다.

그렇다면 이것이 우리에게 무엇을 의미할까? 우리는 결국 누군가의 도움을 받았고, 쉴 수 있는 집이 있으며, 식료품을 살 수 있는 돈이 있는 삶을 살게 되었다. 그렇다면 이렇게 복잡하고 구조적인 문제 속에서 우리가 해야 할 역할은 무엇일까? 우리가 먼저 해야 할 일은 자신이 가진 특권을 인식하는 것이다. 그리고 모두가 보다 공정한 환경에서 살아갈 수 있도록 변화를 만들어가는 것이다.

나는 영적 빈곤을 강조한다. 그것이야말로 우리가 경제적으로 어려운 사람들과 가장 깊이 연결될 수 있는 지점이기 때문이다. 사도 바울은 예수께서 친히 가난해지심으로써 우리가 부유해질 수 있었다고 말했다. "여러분은 우리 주 예수 그리스도의 은혜를 알고 있습니다. 그리스도께서는 부요하나, 여러분을 위해서 가난하게 되셨습니다. 그것은 그의 가난으로 여러분을 부요하게 하시려는 것입니다"(고린도후서 8:9). 그가 말하는 부요함은 하나님과의 관계 속에서 얻는 영적인 부요함이다. 예수께서 가난해지신 것은 우리가 정신적 빈곤을 극복할 수 있도록 하기 위함이었다.

우리는 가난한 사람들을 마주할 때도 같은 마음가짐을 가져야 한다. 우리는 모두 거절당하고, 외면받고, 절실하게 원하고 필요로 하는 것을 갖지 못하는 경험을 한 적이 있다. 나는 여러분에게 도전하고 싶다. 그 경험들을 떠올려 보고, 만약 태어날 때부터 가난했고, 평생을 결핍 속에서 살아야 했다면 어떨지 상상해 보라. 그럴 때, 자신과 자기 능력에 대해 어떤 생각을 하게 될까? 만약 끊임없는 스트레스, 배고픔, 그리고 수치심을 경험하며 살아야 한다면, 세상을 어떻게 바라보게 될까?

우리는 흔히 빈곤 문제를 지나치게 복잡하게 만들고, 그것을 정치, 이론, 숫자의 문제로만 바라본다. 그러나 우리는 이 문제가 결국 살아 숨 쉬는 사람들에 관한 것임을 잊고 있다. 그들은 하나님께 소중한 존재들이다. 우리는 이 문제를 마치 손이 닿지 않는 것처럼 신비화하며, 우리의 힘으로는 변화를 만들 수도, 영향을 미칠 수도 없는 것처럼 여기곤 한다.

성경의 명령은 단순하다.

너는 벙어리처럼 할 말을 못 하는 사람과 더불어,
고통 속에 있는 사람들의 송사를 변호하여 입을 열어라.
너는 공의로운 재판을 하고, 입을 열어,
억눌린 사람과 궁핍한 사람들의 판결을 바로 하여라.
(잠언 31:8-9)

이제 우리는 가난한 사람들에 대한 기존의 인식을 허물고, 그들의 필요와 그들이 직면한 불공정한 현실을 직시해야 한다. 그리고 모두가 평등하게 살아갈 수 있는 공동체를 만들기 위해 우리가 할 수 있는 일에 대해 논의해야 한다.

제 2 장
두려움이 아닌 이해의 시선으로

"무언가를 하고 싶어요," 그 여성이 나에게 말했다. "하지만… 하지만 조금 겁이 나요."

이런 순간들은 나에게 특히 어려운 시간이다. 그런데도 이런 이야기를 듣는 일은 드물지 않다. 언젠가부터, 빈곤과 노숙을 겪는 사람들이 가장 취약하고 소외된 존재에서, 두려움의 대상이자 피해야 할 위협적인 존재로 인식되기 시작했다.

두려움이란 어떤 사람이나 상황이 위험하거나, 고통을 주거나, 위협이 될 것이라는 믿음에서 생기는 감정이다. 우리는 늘 두려움을 경험한다. 롤러코스터가 서서히 꼭대기로 올라갈 때나 어두운 곳에서 누군가 갑자기 "우악!"하고 놀라게 할 때 같은 순간들을 만나면 우리는 긴장과 아드레날린을 온몸으로 느낀다.

언제부터 우리가 이 감정을 '도움이 필요한 사람들'을 볼 때도 느끼게 되었을까? 그리고 더 중요한 질문으로, 왜 그렇게 되었을까?

이 두려움을 만드는 요인은 수도 없이 많다. 인종, 정치, 부모에게서 배운 가치관, TV 뉴스에서 들었던 이야기, 어린 시절 보았던 영화 등, 이 모든 것이 우리가 느끼는 두려움에 영향을 미친다. 그러나 나는 이 두려움이 더 깊은 곳에서 비롯된다는 것을 깨달았다. 그것은 바로, 우리가 알지 못하는 것 말이다.

우리는 알지 못하는 것을 두려워한다.

인류는 항상 낯선 것과 낯선 사람을 두려워해 왔다. 우리는 본능적으로 자신과 비슷한 외모와 말투를 가진 사람들 속에서 더 편안함을 느낀다. 익숙한 환경 속에서 우리는 어느 정도의 안전함을 찾기 때문이다. 새로운 도시나 가보지 않은 곳을 여행한 적이 있는가? 길을 찾아야 하는데 아무도 도와주지 않는다면 불편하고 불안한 기분이 들 수 있다. 그것은 그곳이 미지의 영역이기 때문이다.

이와 같은 이유로 아이들, 때로는 어른들조차도 어둠을 두려워한다. 보이지 않으면 알 수 없고, 알 수 없는 것은 두려움으로 다가온다. 우리가 취약하고 배고픈 사람들을 '위협적인 존재'로 바라보게 된 이유도 바로 여기에 있다.

이 두려움은 잘못된 믿음, 편향된 뉴스 보도, 오해에서 비롯된 인식, 정치적 의도, 계급 차별, 그리고 '소유가 곧 인간의 가치'라고 가르쳐 온 문화에서 비롯되었다.

문화, 소유물, 그리고 가치

만약 내가 메르세데스를 타고, 정장과 넥타이를 착용한 채 회의에 나타난다면, 당신은 나에 대해 어떻게 생각할까? *와, 저 사람은 뭔가 중요한 사람 같아. 대체 무슨 일을 하는 사람이지?* 반면, 만약 내가 낡고 고장 난 차를 타고, 얼룩진 옷을 입고 나타난다면, 당신의 나에 대한 인식은 어떻게 달라질까?

문화는 우리에게 사람의 소유물이 곧 그의 가치와 지위를 나타낸다고 가르쳐 왔다. 우리는 더 큰 집, 더 좋은 차, 최신형 스마트폰을 가질수록 그 사람이 더 중요하고, 존경받을 만하며, 더 큰 가치를 지닌다고 생각하도록 길들여졌다. 그렇다면, 사람의 가치를 그들의 소유물로 판단할 때 어떤 일이 벌어질까? 우리는 겉으로 보이는 것을 기준으로 사람을 평가하기 시작하고, 그에 따라 그들과 그 주변 사람들을 대하는 방식도 변하게 된다. 결국, 우리는 사람의 가치를 내면이 아니라 외적인 요소에 따라 결정짓게 된다. 하지만 성경은 분명히 말한다. "하나님이 당신의 형상대로 사람을 창조하셨으니, 곧 하나님의 형상대로 사람을 창조하셨다. 하나님이 그들을 남자와 여자로 창조하셨다."(창세기 1:27)

　이 형상, 즉 *하나님의 형상(Imago Dei)*은 "근본적으로 두 가지를 의미한다. 첫째는 인류를 통해 나타나는 하나님의 자기실현이고, 둘째는 인류에 대한 하나님의 돌봄이다. 인간이 하나님의 형상대로 창조되었다는 것은 인간의 본성 속에 하나님이 나타나실 수 있도록 하는 특별한 특성이 존재함을 인정하는 것이다."[1]

　이는 사람이 무엇을 소유하고 있는지, 어느 지역에 사는지와 상관없이, 모든 인간의 가치는 그들이 하나님의 형상대로 창조되었다는 사실에 근거해야 한다는 것을 의미한다. 그러나 가치와 존엄성이 외적인 요소로만 측정될 때, 가진 자와 가지지 못한 자 사이에 거리감이 생기게 된다. 그리고 우리는 잘못된 기준으로 자신을 구분 짓기 시작한다. 현실을 보자. "2016년, 미국은 전 세계에서 가장 가치 있는 미용 및 개인 관리 시장으로 평가받았으며, 그해 약 840억 달러의 매출을 기록했다."[2] 우리가 이렇게까지 외적인 모습에 집중하고 있다면, 우리는 얼마나 더 '진정한 가치'에 대해 혼란을 겪고 있을까?

　많은 사람들은 자신이 타인을 소유물로 판단하지 않는다고 생각할지도 모른다. 우리는 이런 사고방식을 초월하려 노력하지만, 어릴 때부터 우리에게 자연스럽게 가르쳐진 것이다. 우리는 끊임없이 최신 기술과 신제품을 가지지 않으면 뒤처지는 것처럼 느끼게 만드는 메시지들에 노출된다. 그 과정에서 우리는 가치의 기준을 잘못된 곳에 두고, 진정한 가치를 혼동하게 된다.

　나는 노숙인으로 살아가던 그 일주일 동안, 이 현실을 직접 경험했다. 어느 날 아침, 나는 차가운 땅 위에서 몸을 떨며 깨어났다. 지난밤을 어떻게 버텼는지도 모르겠고, 다시 한번 이런 밤을 견딜 수 있을지 확신할 수도 없었다. 하지만 추운 밤에 대한 걱정은 곧 새로운, 더 절박한 문제로 바뀌었다. 바로 음식이었다. 텐트 밖으로 나가자, 새롭게 사귄 친구들이 나를 맞이했다. 우리는 오늘 아침을 어떻게 해결할지 이야기하기 시작했다.

한 여성이 말했다. "우리 다 같이 맥도날드까지 걸어가자."

나는 거리가 약 2.5마일(약 4km) 정도 된다는 것을 알고 있었기 때문에, 좀 더 가까운 곳은 없냐고 물었다. 딱딱하고 날카로운 바닥에서 단 두 시간밖에 자지 못한 내 몸이 그 거리를 견딜 수 있을지 확신이 없었다.

그러자 그녀가 덧붙였다. "가끔 거기 앞에 서 있으면 사람들이 1달러 정도 주기도 해. 그러면 메뉴에서 뭐가 하나라도 살 수 있거든."

그 순간, 내 배가 다시 요란하게 울렸다. 나는 이 다리 아래에서 추위와 배고픔을 견디느니, 친구들과 함께 걸어보는 게 낫겠다고 결심했다.

우리는 길을 나섰고, 나는 맨 앞에서 걸었다. 내 옆을 걷는 친구와 이야기를 나누고 있는데, 앞쪽 인도에서 양복을 입은 남녀들이 걸어오는 것이 눈에 들어왔다. 그때, 한 여성이 옆에 있던 남성의 어깨를 툭 치더니, 우리 쪽을 가리키며 반대편 도로로 건너가자는 손짓을 했다.

믿기 어려웠지만, 나는 그들이 길을 건너는 것을 보았다. 나는 노숙 생활을 시작한 지 겨우 일주일도 채 되지 않았다. 하지만 그들은 단 한 번의 시선만으로 우리를 위험한 존재로 여기고, 피해야 할 대상이라 판단했다. 아니, 어쩌면 우리를 볼 가치조차 없다고 생각했을지도 모른다.

우리는 계속 맥도날드로 향했다. 매장 안에 들어가 부스 자리에 앉았다. 그때 한 가족이 우리 근처에 앉았다. 나는 그들을 지켜보았다. 그들은 우리 친구들과 나를 한 번 쳐다보더니, 잠시 후 말없이 자리에서 일어나 더 먼 테이블로 자리를 옮겼다.

겉모습, 피부색(특히 나처럼 미국에서 흑인 남성으로 살아가는 경우 더 복잡한 문제가 되는), 혹은 단지 자원이 부족하다는 이유만으로 두려움의 대상이 되는 것이 어떤 느낌인지 설명하기는 어렵다. 마치 나의 가치가 한순간에 사라진 것 같았다. 노숙인이라는 이유만으로, 내 안에 근본적으로 문제가 있는 것처럼 여겨졌다. 나는 자신에게 물었다. 우리가 뭘 잘못했을까? 왜 사람들이 우리와 같은 길을 걷는 것조차, 같은 공간에 있는 것조차 불편해할까? 타인의 눈에 무시당하고, 하찮게 여겨지고, 두려움의 대상이 되는 것은 끔찍한 기분이었다. 나는 목소리를 빼앗긴 것 같았고, 이 사회에서 필요 없는 존재처럼 느껴졌다. 아마도 그래서 마더 테레사가 이런 말을 했던 것인지도 모른다. "원하지 않는 존재, 사랑받지 못하는 존재, 아무도 돌보지 않고 모두에게 잊혀진 존재가 된다는 것, 나는 그것이 배고픔보다 더 큰 결핍이며, 무엇을 먹지 못하는 것보다 더 깊은 빈곤이라고 생각합니다."[3]

우리의 두려움이 이러한 반응을 불러온다. 우리는 길을 건너 다른 쪽으로 피해 간다. 길모퉁이에 서 있는 남성을 외면한다. 쇼핑카트를 밀며 걷는 여성을 못 본 척 지나쳐 간다. 어쩌면 우리가 그들을 보지 않는 척하면, 우리에게 책임이 없다고 느낄 수 있을지도 모른다. 우리가 그들을 무시하면, 그들이 사라질 것이라고 생각할지도 모른다. 하지만 고통받고 취약한 사람들을 외면하기로 선택하는 그 순간, 우리는 그들의 삶에 가장 깊은 상처를 남기게 된다. 계급 차별, 인종차별, 그리고 편견이 우리의 믿음 속에 스며들었다. 때로는 무의식적으로 작용하면서, 우리가 두려움으로 반응하고 빈곤한 사람들과의 거리를 더욱 벌리게 만든다. 우리는 더 많은 돈, 더 큰 집, 더 편안한 삶을 추구하는 동안, 빈곤한 사람들을 바라보는 우리의 시선도 변해간다. 공감에서 무관심으로, 연민에서 냉담으로. 우리는 사람의 가치를 외적인 소유로 판단하기 시작하고, 하나님이 각 사람에게 부여하신 내면의 가치와 존엄성을 잊어간다.

우리가 다른 사람들을 어떻게 바라보느냐는 우리 자기 내면에 존재하는 '영적 빈곤'을 얼마나 해결해 가고 있는지를 보여준다. 만약 우리가 가난한 이들을 비판적인 시선으로 보거나, 무관심하게 대하고 있다면, 우리 자신이 아직 하나님의 사랑으로 채워지지 않았다는 의미일지도 모른다. 예수님은 말씀하셨다. "네 마음을 다하고 목숨을 다하고 뜻을 다하여 주 너의 하나님을 사랑하라." "네 이웃을 네 자신과 같이 사랑하라." 우리가 이웃을 향해 베푸는 사랑은, 우리가 하나님께 받은 사랑이 흘러넘치는 결과여야 한다.

사도 요한은 이렇게 기록했다.

> 우리가 사랑하는 것은 하나님이 우리를 먼저 사랑하셨기 때문입니다. 누가 하나님을 사랑한다고 하면서, 자기 형제자매를 미워하면, 그는 거짓말쟁이입니다. 보이는 자기 형제자매를 사랑하지 않는 사람이 보이지 않는 하나님을 사랑할 수 없습니다. 하나님을 사랑하는 사람은 자기 형제자매도 사랑해야 합니다. 우리는 이 계명을 주님에게서 받았습니다(요한1서 4:19~21).

이 구절의 메시지는 명확하다. 눈에 보이지 않는 하나님을 사랑한다고 하면서, 눈앞에 있는 사람들을 사랑하지 않는다는 것은 말이 되지 않는다.

길을 지나가면서 사람들을 무시하는 것은, 그들에게 "너는 중요하지 않아. 너는 가치 없는 존재야"라고 말하는 것과 다름없다. 우리는 우리의 행동을 통해 그들이 멈춰 서서 바라보고, 그들의 아픔을 들어줄 가치조차 없다고 보여주고 있는 것이다. 나는 믿음의 사람으로서, 사랑이 없는 사람들에게 다가가고, 그들을 알아가야 한다고 믿는다.

나는 문득 이런 생각이 들었다. 만약 그 비즈니스맨들과 비즈니스우먼들이 나를 알고 있었다면, 내 이야기를 들어보았다면, 내 아내와 아이들의 사진을 보았다면, 그들은 여전히 나를 피해 길을 건넜을까? 나는 그들이 나를 두려워하지 않아도 된다는 사실을 증명하려면 무엇을 해야 했을까? 그리고 더 중요한 질문—그들의 첫 번째 반응이 왜 '두려움'이었을까?

단지 더 적게 가진 사람들을 바라볼 때, 어떻게 '두려움'이 가장 먼저 떠오르는 감정이 되어버린 것일까?

모든 사람은 평등하다?

미국 독립선언서의 서문 중 한 구절은 이렇게 말한다. "우리는 다음의 진리를 자명한 것으로 여긴다. 모든 인간은 평등하게 창조되었으며, 창조주로부터 몇 가지 양도할 수 없는 권리를 부여받았다. 그 권리에는 생명, 자유, 그리고 행복을 추구할 권리가 포함된다."

나는 믿음이 있는 사람으로서, 우리의 가치는 모든 인간이 하나님의 형상대로 창조되었기에 평등하다는 사실에 기반을 두고 있다고 믿는다. 어느 나라에서 태어났는지, 피부색이 무엇인지, 어떤 사회적 계층에서 태어났는지, 어떤 가정을 가졌는지와 관계없이 어느 누구도 태어날 때부터 더 가치 있는 존재가 아니다. 사람의 가치는 집 안의 가구나, 옷장 속의 옷, 부엌의 음식이나 그 부족함 때문에 결정되지 않는다.[4]

"객관적인(objective) 사회 계층을 중점적으로 다루는 접근 방식은, 주로 소득, 재산, 교육 수준, 직업과 같은 사회경제적 변수들을 기반으로 개인의 사회 계층을 직접적으로 결정하는 것이다. 두 번째 방식은, 사람들이 자신을 어떤 계층으로 분류하는지를 다루는 것이다."[5]

사회학자들은 일반적으로 다섯 가지 사회 계층이 있다고 말한다. 이 구분은 아마도 한 번쯤 들어봤을 것이다. 상류층(Upper class), 상위 중산층(Upper-middle class), 하위 중산층(Lower-middle class), 노동 계층(Working class), 빈곤층(Poor). 이러한 계층 구분은 주로 재산, 교육 수준, 직업, 소득, 그리고 특정 하위문화나 사회적 네트워크에 속해 있는지의 여부에 따라 정해진다.

인도에는 출생으로 계급이 결정되는 카스트라는 계급구조가 있었다. 가난한 가정과 낮은 계급에서 태어난 사람은 평생 가난하고 낮은 계급에 머물러야 했다. 반대로, 높은 계급에서 태어난 사람은 평생 그 지위를 유지할 수 있었다. 즉, 사회이동이 전혀 존재하지 않았다. 1949년, 인도의 카스트 제도는 공식적으로 폐지되었지만, 그 영향력은 여전히 남아 있다. BBC는 이에 대해 이렇게 설명한다.

인도의 카스트 제도는 세계에서 가장 오래된 사회 계층 구조 중 하나이다. 이 제도는 힌두교도들을 '카르마(업, work)'와 '다르마(종교를 의미하는 힌디어 단어이지만, 여기서는 의무를 뜻함)'를 기반으로 엄격한 계층적 그룹으로 나누며, 그 역사는 3,000년 이상 된 것으로 일반적으로 받아들여진다. 수 세기 동안 카스트 제도는 힌두교의 종교적·사회적 삶의 거의 모든 측면을 결정해 왔으며, 각 계층은 이 복잡한 계급구조 속에서 특정한 자리를 차지해 왔다.[6]

미국에는 사람들이 어떤 직업을 가질지, 얼마나 많은 돈을 벌지를 결정하는 공식적인 카스트 제도가 없다. 그 대신, 우리는 자본주의 시스템 속에서 살아간다. "자본주의란, 개인이 대부분의 경제적 결정을 내리고, 국가 내 재산의 대부분을 소유하는 경제 시스템이다."[7] 이 시스템에서는 자유 시장과 경쟁이 존재하며, 그 결과 기업과 부를 두고 경쟁이 벌어진다. 이것은 교도소 시스템과 의료 시스템조차도 많은 사람들이 기본적인 권리라고 여기는 것에서 민간 기업이 돈을 벌 수 있도록 만든다.[8] 이러한 구조는 노동 계층(Working Class)과 빈곤 계층(Poor Class)의 사람들이 동등한 기회를 가지는 것을 어렵게 만든다. 이는 사회적·물질적 접근성을 충분히 가진 그룹이, 그 그 접근성이 필요한 다른 사람들에게 이를 허용하지 않을 때 발생한다.

즉, 우리는 출생에 의해 카스트를 공식적으로 부여하지는 않지만, 여전히 많은 사람들이 자신이 태어난 환경 때문에 의료 서비스, 일자리 기회, 건강한 음식, 사회자본(Social Capital), 양질의 교육 등을 자유롭게 이용하지 못하고 있다.

우리는 부모가 속한 사회경제적 지위를 그대로 물려받는다. 그리고 대부분의 경우, 그 계층은 여러 세대에 걸쳐 이어진다. 미국 사회에는 "누구든, 과거의 사회경제적 배경이나 사회적 지위와 상관없이, 열심히 노력하면 '정상'에 오를 수 있다"[9]라는 믿음이 있다. 이 믿음은 미국 사회를 지탱하는 핵심 가치 중 하나이다. 우리는 그것이 사실이기를 바란다.

그러나, 안타깝게도 현실은 그렇게 단순하지 않다.

아메리칸드림(American Dream)에 대한 잘못된 내러티브는 호레이쇼 앨저(Horatio Alger)의 사상에서 비롯되었다.

> 호레이쇼 앨저는 미국 사회에서 활동한 작가로, 주로 젊은 독자층을 대상으로 한 작품들로 잘 알려져 있다. 그의 작품들은 가난한 소년들이 겸손한 출신 배경에서 출발하여, 노력, 결단력, 용기, 그리고 정직함을 통해 중산층의 안정되고 편안한 삶을 이루는 이야기들이었다. 그의 글들은 "누더기에서 부자로(Rags-to-Riches)"라는 내러티브로 유명하며, 특히 미국의 "대호황 시대(Gilded Age)" 동안 사회에 큰 영향을 미쳤다.[10]

호레이쇼 앨저의 이야기가 미국 문화에서 큰 인기를 끌게 되면서, 가난한 사람들도 자신의 노력만으로 빈곤과 억압에서 벗어날 수 있다는 잘못된 믿음이 퍼지게 되었다. 그러나 우리는 모두 이것이 사실이 아니라는 것을 알고 있다.

처음에 사회는 성별, 인종, 연령을 기준으로 계층을 나누었고, 이러한 특성에 따라 어떤 사람들은 다른 사람들보다 더 가치 있는 존재로 여겨졌다. 오늘날 우리는 과거에 비해 많은 발전을 이루었고, 국가적으로도 많은 진보를 부정할 수 없다. 하지만 여전히 사람들은 은행 계좌의 잔액, 소유한 땅의 크기, 입고 있는 옷의 브랜드에 따라 차별받고 있다.

미국 독립선언서는 "모든 인간은 평등하게 창조되었다"라고 선언하지만, 계층(Classism)은 여전히 각 개인이 어떻게 대우받는지를 결정하는 중요한 요소이다. 대부분의 공립학교는 지역 내 부동산 세금으로 재정을 충당한다. 이는 곧 지역이 부유할수록, 해당 지역 학교에 더 많은 교육 예산이 배정된다는 것을 의미한다. 교육은 사람들이 더 높은 소득을 얻는 데 중요한 역할을 하는 요소 중 하나이다. 그러나 가난한 지역에서 태어난 아이들은, 그들이 사는 지역의 경제적 환경 때문에 더 열악한 교육을 받을 수밖에 없다.

노동자 계층에 속한 사람들은 최저 임금을 받으며 풀타임으로 일하더라도, 생활비를 충당하고, 가족을 먹여 살리며, 미래를 위한 저축이나 투자를 할 만큼의 돈을 벌지 못한다. 현재 조지아주(Georgia)의 최저 임금은 7.25달러다.[11] 조지아주는 연방 최저 임금(Federal Minimum Wage) 기준을 그대로 적용하고 있으며, 이 임금으로는 생활을 유지하는 것 자체가 어려운 현실이다. 어떤 사람들은 그래도 시작할 수 있는 수준의 급여이고, 적어도 돈을 벌고 있는 것 아니냐고 말할지도 모른다. 그러나 매년 물가가 오르는 상황에서 이처럼 낮은 임금으로 생계를 유지해야 한다면, 그것이 얼마나 힘든 일일지 상상해 보라. 교육 수준에 맞는 직업을 이미 가지고 있는 사람들이, 어떻게 더 높은 임금을 주는 일자리를 구할 수 있을까?

나는 구조적 빈곤을 이해한다. 왜냐하면 나는 어머니가 여러 개의 일을 하며 우리를 먹여 살리려 애쓰는 모습을 지켜보았기 때문이다. 어머니는 기업 내에서 자리 잡기 위해 힘겹게 노력하셨고, 운 좋게도 이를 극복하여 임상 상담 분야에서 박사 학위를 받으셨다.

나는 차별도 이해한다. 나는 내 피부색 때문에 생명의 위협을 느낀 적이 있기 때문이다. 나는 무엇을 가졌든, 혹은 가지지 못했든, 반복해서 가치 없는 존재라는 말을 들어야 하는 것이 어떤 느낌인지 알고 있다. 나는 수천 명의 빈곤층과 노숙인들의 이야기를 들어왔고, 그들 안에서 나 자신을 보았다. 나는 불리한 상황 속에서 싸워왔으며, 수없이 포기하고 싶었던 순간을 마주했다.

아마 여러분도 이런 감정을 느낀 적이 있을 것이다. 인간이 겪는 고통은 우리 모두를 어떤 방식으로든 연결시킨다. 우리는 수치심을 느끼고, 가치 없는 존재처럼 여겨지고, 잊혀진다는 것이 어떤 기분인지 알고 있다. 어떤 사람들에게 빈곤은 은행 잔고의 숫자와 연결되어 있다. 다른 사람들에게 빈곤은 평생 들어온 메시지와 연결되어 있다. 하지만 어떤 경우든, 우리는 모두 평등하게 창조되었다. 왜냐하면, 하나님께서 우리를 창조하셨기 때문이다. 그렇다면, 현대 사회 속의 카스트 시스템에서 벗어나, 서로를 같은 삶의 여정을 걷는 형제자매로 바라볼 수 있는 방법은 무엇일까?

우리가 타인의 가치를 그들의 소유물이나 직업과 연관 짓는 이유 중 하나는, 우리 자신도 그러한 것들 속에서 자신의 가치를 찾으려 하기 때문이다. 우리가 하는 일, 우리가 사는 동네, 우리가 운전하는 차, 이 모든 것이 우리가 자신을 얼마나 가치 있다고 여기는지에 영향을 미친다.

우리가 자신의 진정한 가치가 소유물과 무관하다는 것을 깨닫게 될 때, 우리는 자신뿐만 아니라 주변 사람들 속에서도 존엄성과 가치를 보기 시작할 수 있다.

안타깝게도, 예수님은 흔히 백인 중산층 남성으로 묘사되며, 모두에게 호감을 얻는 존재로 그려진다. 제임스와 릴리언 브레켄리지(James & Lillian Breckenridge)는 *당신의 하나님은 무슨 색입니까? 교회에서의 다문화 교육*(What Color Is Your God? Multicultural Education in the Church)에서 복음이 단일한 모습이 아니라 모든 민족을 포용하는 것이 중요함을 강조한다. 그들은 또한 이러한 다양성을 받아들이지 않을 때 발생하는 문제점들을 지적한다.

그러나 현실에서 예수님은 가난한 자들과 소외된 이들과 함께하셨으며, 대부분의 종교 지도자들에게 미움을 받으셨다. 그분은 전통적인 종교적 관점을 뒤집는 복된 소식을 전하셨다. 그렇다면, 오늘날이라고 그분의 메시지가 다를 것이라 생각하는 이유는 무엇인가? 우리는 예수님이 우리가 속한 정당이나 교회의 일원일 것이라고 믿는가? 아니면, 예수님께서 가난한 자와 소외된 이들을 돌보는 것이 최우선이라고 말씀하시리라 믿는가?

예수와 버림받은 자들(Jesus and the Disinherited)에서 하워드 서먼(Howard Thurman)은 오늘날의 현실을 이렇게 묘사한다.

가장 극명하게 고난에 직면한 채 살아가는 사람들, 예를 들면 노숙인들, 일하는 가난한 사람들과 실직자들, 약물 남용자와 중독자들, 소외된 사람들, 방황하는 젊은이들, 그리고 사실상 버려진 이들은, 예수님의 제자라고 불리는 이들과 거리를 두고 살아가고 있다. 예수님의 신앙을 지키는 많은 이들은, 그분을 따라 '미국 사회에서 버림받은 자들이 사는 가장 힘든 곳'으로 들어가는 것이 매우 어렵고, 위험한 일이라 생각한다. 그리고 그 벽에 짓눌린 이들은, 정작 예수님의 공식적인 제자들이 편안하게 예배드리는 공간에서 자신이 설 자리를 찾지 못한다.[12]

두려움을 극복한 삶을 위해

두려움은 때때로 좋은 것이 되기도 한다. 우리는 차가 다가올 때 도로에서 벗어나야 한다는 두려움의 소리를 듣고, 절벽 가장자리에 너무 가까이 가면 안 된다는 두려움을 느낀다. 이러한 두려움은 정당하다. 그러나 어떤 두려움은 우리를 안전하게 지켜주는 동시에, 좋은 것들로부터도 멀어지게 한다. 누군가와 가까워지기 시작할 때, 그 사람을 두려워했던 적이 있는가? 우리는 누군가가 우리를 다치게 하거나 떠날까 봐 그들과 가까워지는 것을 두려워한다. 그래서 자신을 보호하기 위해 온갖 방어기제를 만들어낸다. 하지만 만약 이 두려움이 과거의 상처 때문에 생긴 것이라면, 정당한 두려움으로 보기는 어려울 것이다.

그러나 우리의 안전을 지켜주는 두려움과 그 두려움이 우리의 행동을 지배하는 것 사이에는 큰 차이가 있다. 누군가가 다르게 입었다는 이유로 길을 건너 피하거나, 우리가 아는 사람들과 다르게 생기거나 행동할 것 같은 사람들을 막기 위해 벽을 세우는 것 등, 우리가 다른 사람들을 대하는 방식에서 그러하다. 때로는 아무것도 하지 않는 것조차도 두려움이 우리를 지배하는 방식이 된다.

만약 우리를 마비시키는 두려움이 누군가에게 생사가 걸린 문제라면? 아마도 이렇게 생각할지도 모른다. 아니야, 아니야. 나의 두려움이나 무관심이 다른 사람의 삶에 그렇게 큰 영향을 미치지는 않을 거야. 하지만 안타깝게도, 그렇지 않다.

가장 기본적인 수준에서 두려움은 우리가 행동하는 것을 막는다. 그러나 두려움이 더 깊어질수록, 그것은 무관심으로 변할 수 있다. 우리는 잘 알지 못하고 이해하지 못하는 것들에 대해 점점 차가워지고, 무관심해질 수 있다. 그리고 이러한 무관심이 빈곤층과 노숙인을 향할 때, 그 결과는 매우 위험할 수 있다. 이러한 무관심은 종종 분노, 특권 의식, 그리고 형제자매를 향한 이해 부족과 관심 부족에서 비롯된다.

만약 우리가 빈곤층과 노숙인들에 대한 두려움과 그들을 악마화하는 일이 가벼운 문제라고 생각하거나, 그 영향이 중요하거나 긴급하지 않다고 여긴다면, 다음의 사실들을 알아야 한다.

2014년, 노숙인을 대상으로 한 폭력적 살인 범죄가 전년도 대비 61% 증가했다. 같은 해, 치명적이지 않은 공격 또한 17% 증가했다.[13] 이러한 공격은 점점 더 흔해지고 있으며, 많은 전문가들은 그 원인을 노숙인에 대한 악마화에서 찾고 있다.

2011년, 두 남성이 노숙인을 공격한 후 그 장면을 촬영하고, 이를 온라인에 게시한 혐의로 기소되었다.[14] 2012년, 로스앤젤레스에서는 한 남성이 수년간 버스 정류장 벤치를 집처럼 사용하던 노숙 여성에게 불을 지르는 사건이 발생했다. 그에게는 살인미수 혐의가 적용되었으며,[15] 범행 동기는 밝혀지지 않았다.

2014년, *허핑턴 포스트(Huffington Post)*는 당시 전국 노숙인 연합(National Coalition for the Homeless)의 이사였던 마이클 스툽스(Michael Stoops)와 인터뷰를 진행했다. 그들은 보고서에서 다음과 같이 밝혔다. "우리는 특정 지역에서 노숙인에 대한 혐오 범죄 발생률과 그 지역에서 노숙인의 삶이 범죄화되는 현상 사이에 직접적인 상관관계를 발견했다."[16]

이러한 통계와 연구 결과는 나에게 단순한 숫자가 아니다. 이 취약한 사람들은 나의 친구들이며, 내 삶을 바꿔놓은 이들이다.

두려움은 위험하다. 그것은 빈곤과 노숙을 겪는 사람들을 분노와 증오의 대상으로 취급하는 환경을 조성한다. 이를 막기 위한 첫 번째 단계는 이 두려움이 근거 없는 것이며, 위험하다는 사실을 깨닫는 것이다.

두려움은 때때로 무지, 거리감, 그리고 증오에서 비롯된다. 증오란 기본적으로 어떤 사람이나 대상에 대한 강한 혐오를 의미하며, 이는 하나님의 뜻과 정반대되는 감정이다. 성경에서 하나님은 오직 하나님과 인간을 모독하는 것만을 미워하신다. 하나님은 위선과 거짓, 불의, 폭력, 우상숭배, 그리고 하나님의 의와 정의를 훼손하려는 모든 것들을 미워하신다.

만약 빈곤층과 노숙인에 대한 두려움이 당신에게 하나의 우려 사항이라면, 당신은 다행히도 빈곤과 노숙이 현실이 된 적 없는 삶을 살아온 것이다. 이러한 두려움을 가지고 살아간다는 것은 특권의 한 형태다. 그리고 우리가 조심하지 않으면, 이 특권이 우리가 사람들을 대하는 방식에 영향을 미쳐, 해를 끼칠 능력도, 힘도 없는 이들을 향한 '증오'처럼 보일 수 있다.

약 1년 전 어느 날, 한 여성이 Love Beyond Walls 센터 앞에 차를 세우고 두 아이와 함께 차에서 내렸다.[17] 그녀의 어린 딸은 너무 큰 티셔츠 한 장만 입고 있었다. 신발도, 속옷도 없이, 성인용 티셔츠가 마치 드레스처럼 보일 정도로 헐렁했다. 그녀보다 키가 조금 더 큰아들은 비슷하게 큰 티셔츠를 입고, 헐렁한 반바지와 너무 큰 운동화를 신고 있었다. 아이들의 머리카락은 사방으로 흐트러져 있었고, 먼지가 묻은 얼굴은 바닥을 향한 채 시멘트 주차장을 바라보고 있었다.

나는 그녀를 바라보며 늘 새로운 방문자에게 건네는 질문을 했다. "저희에 대해 어떻게 알게 되셨나요?"

그녀가 대답했다. "저 위쪽 주유소에 들렀는데, 계산대에 있던 여직원이 이곳을 알려줬어요. 저는 몇 주 전에 테네시에서 왔어요. 학대받는 관계에서 벗어나려고 떠났어요. 아이들과 함께 갈 곳이 없어요. 차에서 지내고 있어요. 아이들은 아직 학교도 시작하지 못했어요. 학교에 가려면 속옷과 교복이 필요해요."

우리는 그녀와 아이들을 센터 안으로 데려왔고, 그들에게 교복과 필요한 물품들을 지원해 줄 수 있었다. 그러나 내 머릿속에는 그녀가 했던 말이 계속 맴돌았다. 나는 결코 이 말을 잊지 못할 것이다. "내가 이걸 선택했어요. 내가 선택한 거예요." 그녀는 계속해서 말했다. "적어도, 맞고 사는 것보다는 이게 더 자유로우니까요."

우리가 두려워하는 사람들이 이런 사람들인가? 아니다, 정말로 아니다. 그러나 그녀의 이야기를 알고 있기 때문에 그렇게 느끼는 것뿐이다. 빈곤을 겪는 모든 사람에게는 저마다의 이야기가 있다. 그리고 그 이야기들 중 많은 부분이 이와 비슷하다. 나는 가난한 사람들의 이야기를 존중하는 것에 대해 가난한 사람들의 캠페인(Poor People's Campaign)을 이끄는 윌리엄 바버(William Barber) 목사가 했던 말을 깊이 공감한다. "빈곤은 우리 시대의 가장 중요한 도덕적 문제 중 하나이다." 그가 말하는 것은 우리가 이런 이야기들이 더 이상 반복되지 않도록 해야 한다는 것이다.

우리가 침묵하거나, 빈곤을 겪는 사람들이 두려운 존재라고 계속 생각하면 어떤 일이 벌어질까? 나는 이 어머니의 눈을 바라보며, 정부 지원 예산이 삭감되어 도울 수 없다고 말해야 할지도 모른다. 왜냐하면 두려움이 지배하는 사회는, 배고프고 취약한 사람들에게 점점 더 관심을 가지지 않기 때문이다. 나는 그녀가 가정 폭력에서 벗어나기 위해 내린 용기 있는 선택이 헛된 것이라고 말해야 할지도 모른다. 왜냐하면 쉼터들은 문을 닫고 있고, 그녀가 이 학대에서 벗어나기 위한 과정을 보내는 동안 머물 수 있는 곳조차 없기 때문이다. 그녀는 변화를 간절히 원했기에, 몇 주째 차에서 생활하고 있었다.

우리는 사람들을 두려운 존재로 여기는 생각을 퍼뜨리는 일을 멈춰야 한다. 우리는 그들을 괴물처럼 말하고, 사회의 짐이라고 묘사하는 일을 그만둬야 한다. 왜냐하면 이런 편견은, 우리가 그들의 이름도, 그들의 이야기도 알기 전에 이미 형성되었기 때문이다. 대신, 우리는 그들을 존엄하게 대하기 시작해야 한다. 그들도 보여지고 싶고, 들려지고 싶고, 기회를 얻고 싶어 한다. 결국 우리 모두 같은 목표를 가지고 살아가는 것이 아닌가? 식탁 위에 음식을 올리고, 가족을 안전하고 행복하게 지키는 것 말이다.

그러나 우리가 계속해서 두려움의 시선으로 사람들을 대하면, 그들 안에서도 무언가가 변하기 시작한다. 그들은 고립에 익숙해진다. 그리고 스스로 이런 생각을 하게 된다. 어쩌면 나는 정말 두려운 존재일지도 몰라. 혹시 내가 괴물인 걸까? 내가 본 것 중 가장 가슴 아픈 것은, 빈곤을 겪는 사람이 그것을 자신의 정체성으로 받아들이고, 거기에서 벗어날 희망조차 잃어버리는 모습이었다. 우리가 진정으로 두려워해야 할 것은 바로 우리가 가진 잘못된 인식이 사람들을 절망으로 내몰고 있다는 사실이다.

우리는 노숙과 빈곤을 겪는 사람들을 마치 그것이 그들의 정체성인 것처럼 대한다. 하지만 그들은 자신이 겪는 상황이 아니다. 그들은 자녀이고, 어머니이며, 아버지이며, 자매이고, 형제이다. 그들이 겉으로 고난을 드러내고 있다고 해서, 우리가 그들의 어려움을 그들의 정체성으로 규정할 권리는 없다. 그것은 그들의 정체성이 아니다. 우리는 사람들을 문제 그 자체로 보는 것이 아니라, 그들을 어려움을 겪고 있는 존재로 바라보기 시작해야 한다.

문화와 사회가 가르쳐 온 시선 너머를 볼 수 있는 사람이 돼라. 어려움을 겪는 사람들 속에서 더 많은 가능성을 보라. 그들이 자신을 더 나은 존재로 믿을 수 있도록, 먼저 그들을 더 나은 존재로 믿어주어라.

범죄에 대해서는?

뉴스에서는 계속해서 범죄율 증가와 도시 거리의 위험성을 보도한다. 통계에 따르면, 자원이 부족한 지역일수록 범죄율이 높다. 그리고 이 사실만으로도 두려움을 느끼는 사람들이 있다. 그러나 이것이야말로 우리가 거리로 나가 그들을 돕고 섬겨야 하는 이유이다. 단순히 기본적인 필요를 채워주는 것뿐만 아니라, 그들의 삶 속에서 단절된 관계를 메울 수 있도록 다가가는 것이 중요하다. 범죄는 부수적인 결과일 뿐이다. 진짜 문제는 자원의 부족, 그리고 많은 경우, 사회적 자본의 결핍이다.

그렇다면, 높은 범죄율을 논할 때 우리는 이런 질문도 던져야 한다. 그들은 음식에 접근할 수 있는가? 그들은 의미 있는 관계를 맺고 있는가? 가난한 지역에서 범죄율이 높은 것은 사실이다. 그러나 우리는 왜 그런지 질문해야 한다. 이 지역의 사람들에게 성장하고 번영할 기회가 있는가? 대부분의 경우, 그 답은 '그렇지 않다'이다. 그렇다면, 우리의 첫 번째 질문인 왜 그런가를 다시 깊이 파고들어야 한다.

만약 당신과 당신의 아이들이 배고프고, 당신은 직장을 잃었으며, 그들을 먹일 방법이 전혀 없다면, 당신은 어떻게 하겠는가? 도움을 요청할 누구도 없다면? 가족을 먹이고 지키기 위해 무엇이든 하려고 하지 않겠는가? 나는 그렇게 할 것이다.

간디(Gandhi)는 이렇게 말했다고 전해진다. "굶주리는 사람에게 음식이 곧 신이다." 생존의 위기에 처하면, 사람은 오직 "오늘 하루 더 살아남을 방법"만을 생각하게 된다.

2006년, 텍사스주는 심각한 교도소 과밀화 문제에 직면했다. 이는 주로 마약과의 전쟁으로 인해 젊은 소수 인종들이 마약 관련 범죄로 대거 수감되었기 때문이었다. 2010년까지 텍사스의 수감자 수는 1990년 대비 346% 증가했다. 그러나 텍사스주는 더 많은 교도소를 짓는 대신, 지역사회의 필요를 해결하기 위한 프로그램에 2억 4,100만 달러를 투자하기로 결정했다. 이 투자에는 교정 및 치료 센터(Diversion & Treatment Centers), 재범률 감소 프로그램(Recidivism-Reduction Programs) 등이 포함되었다. 이후 몇 년 동안, 텍사스는 엄청난 긍정적인 변화를 경험했다.[18]

*내셔널리뷰(National Review)*의 기자 켄 쿠치넬리(Ken Cuccinelli)는 이렇게 보도했다. "이 개혁이 시행된 이후, 텍사스는 3개의 교도소를 폐쇄했으며, 재범률은 25% 감소했다. 또한, 텍사스 납세자들은 약 30억 달러의 교도소 운영 비용을 절감했으며, 1968년 이후 가장 낮은 범죄율을 기록했다."[19]

텍사스의 사례는 우리가 만들 수 있는 더 큰 변화를 예고하고 있다. 범죄는 종종 기회의 부족에서 비롯된다. 그것은 도움을 요청하는 절박한 외침이다. 범죄율이 높은 지역을 피하는 것이 아니라, 그 지역의 사람들이 성공할 수 있도록 자원과 기회를 제공하는 것이 우리가 해야 할 일이다.

겉모습을 넘어서

이 두려움을 극복하고 맞서는 가장 좋은 방법은, 우리가 두려워하는 사람들을 직접 알아가는 것이다. 내가 만난 대부분의 두려움을 가진 사람들은 이런 과정을 한 번도 해본 적이 없었다. 내 친구 타일러(Tyler)도 그랬다. 그는 우리 비영리 단체에서 자원봉사를 하고 있다. 최근 타일러와 그의 아내는 애틀랜타로 다시 이사 왔고, 빈곤 속에서 살아가는 사람들을 섬길 필요가 있음을 깨달았다. 그는 내게 이렇게 말했다.

"제 아내는 건강 문제가 좀 있어요. 하지만 아내의 건강이 걱정된다고 해서, 사랑을 보여줄 기회를 놓치고 싶지는 않아요. 물론, 조심해야 하지만요."

내가 타일러에게 길에서 만난 사람들을 두려워한 적이 있는지 물었을 때, 그는 이렇게 대답했다. "아니요, 전혀요. 사람들은 흔히 '이 사람들이 이렇게 된 건 그들 잘못 때문'이라고 말하곤 해요. 하지만 실제로 그들을 알고, 그들의 이야기를 들어보면 전혀 다른 경우가 많죠. 단순히 직장을 잃고, 그 뒤에 아내가 떠나고, 가족도 없고, 갈 곳도 없어져서 결국 거리에서 살아가게 된 것뿐이에요."

타일러는 말을 이어갔다. "정말 말도 안 돼요. 그렇게 빨리 모든 것이 무너질 수도 있다는 게 말이에요. 자기 자신과 삶을 돌아보면 내가 똑같은 처지에 놓일 수도 있었겠구나, 그걸 깨닫게 돼요. 그 순간, 그들과 더 공감하게 되죠."

내가 함께 일하는 오랜 시간 봉사해 온 자원봉사자들 모두 그들이 더 이상 두려워하지 않는다고 말할 것이다. 왜냐하면, 그들은 직접 사람들을 알고, 그들과 연결되기 시작했기 때문이다. 가까이 다가가면, 우리는 누구도 미워할 수도, 두려워할 수도 없다.

분명히 하자. 일부 사람들은 빈곤을 하나의 삶의 방식으로 선택했을 수도 있다. 하지만 대부분의 사람들은 그렇지 않다. 그들의 이야기를 듣지 않고는, 그 사실을 알 수 없다. 그리고 설령 누군가가 빈곤을 선택했다 해도, 나는 이렇게 묻고 싶다. 그들에게 정말 선택할 기회가 있었을까? 대부분의 경우, 빈곤을 겪는 사람들은 다른 삶이 어떤 모습인지조차 경험해 볼 기회조차 없었다. 그러나 그들의 선택과는 상관없이, 그들은 결코 두려움의 대상이 아니다. 그들은 괴물이 아니라, 저마다의 이야기를 가진 한 인간이다.

함께 상상해보자

한번 생각해보자. 당신이 네트워킹 행사나 파티에 참석했다고 가정해 보자. 낯선 사람들로 가득 찬 붐비는 공간에 서 있다. 혼자 구석에 앉아 있는 대신, 당신은 용기를 내어 몇몇 사람들과 대화를 시도하기로 한다. 당신이 가장 먼저 다가간 사람은 세련된 옷을 입고, 한 손에는 아이폰을 들고 있는 사람이다. 당신은 자신을 소개한다. 처음에는 약간 어색하다. 왜냐하면 처음 만나는 사람과의 대화는 언제나 조금은 불편하기 마련이기 때문이다.

몇 분간 대화를 나눈 후, 서로 웃고, 이야기를 공유하며, 취미에 관해 이야기하게 된다. 자연스럽게 전화번호를 교환하고, 언젠가 함께 커피를 마시기로 약속한다. 당신은 새로운 친구를 사귀었다는 기쁨과 기대감 속에서 자리를 떠난다.

몇 년이 흐르고, 당신과 그 친구는 연락이 끊긴다. 어느 날 오후, 당신은 도심을 걷고 있다. 그때, 한 노숙인이 쇼핑카트를 밀며 길을 따라 걸어가는 모습이 눈에 들어온다. 당신은 불편하고 긴장된 기분이 들어 그 사람과 마주치는 것을 피하려고 길 반대편으로 건너기로 한다. 당신이 길을 건너던 중, 누군가 당신의 이름을 부른다.

"이봐요! 이봐요… 잠깐만! 나예요!" 당신은 혼란스러워진다. '설마 저 사람을 내가 안다고? 낯이 익지 않은데…'

다시 길을 건너려는 순간, 그 사람이 다시 한번 당신의 이름을 크게 부른다. "이봐요! 잠깐만! 나 기억 안 나요?"

더 혼란스러워진 당신은 자신의 이름을 알고 있는 이 노숙인에게 다가간다. 점점 가까워질수록, 그의 옷에는 구멍이 나 있고, 수염은 정리되지 않은 채 길게 자라 있었으며, 그가 끌고 있는 쇼핑카트에는 쓰레기와 낡은 옷들로 보이는 것들이 가득했다. 그리고 몇 걸음 더 다가서자, 그에게서 강한 냄새가 풍겨온다. 마치 몇 주 동안 씻지 못한 듯한 냄새였다. 하지만 가까이 갈수록, 그의 눈, 얼굴, 그리고 목소리에서 어딘가 익숙한 느낌이 들기 시작한다. 그 순간, 몇 년 전 당신이 참석했던 그 행사가 떠오른다. 그 노숙인은 당신을 바라보며 말한다. "나예요. 존(John). 그때 행사에서 만났잖아요. 나 기억해요?"

당신은 그에게 말한다. "물론이죠! 존! 이제 기억났어요. 정말 오랜만이에요. 잘 지냈어요? 대체… 무슨 일이 있었던 거예요?"

"네, 그러니까…." 존은 고개를 떨구며 그의 이야기를 이어간다. "2년쯤 전에 우리 아들을 잃었어요. 당신과 내가 만나고 단 몇 달 후의 일이죠. 내 아들은 자동차 사고로 죽었어요. 정말 힘들고 고통스러웠어요. 그래서 내 아내와 나는, 그래요, 그녀가 결국 나를 떠났어요. 나는 그녀를 잃은 후에, 다른 것들은 아무 신경도 쓰지 않았어요. 술을 마시기 시작했죠. 그리고 몇 달 후에 직장을 잃었어요. 그런 건 어찌 되든 상관 없었어요. 난 이미 내가 소중하게 여긴 것들을 모두 잃어버렸으니까요, 알겠지요! 그래서 여기 이렇게 있게 된 것 같아요."

이 이야기의 결말은 당신에게 달려 있다. 여전히 쇼핑카트를 밀고 가는 그 남자가 두려운가? 여전히 길을 건너 피할 것인가, 자리를 옮길 것인가? 여전히 그를 모른다는 이유만으로, 조용히 차를 몰고 지나가며 외면할 것인가? 선택은 당신의 몫이다.

거리에서 마주치는 모든 사람, 저소득 주택에 사는 사람, 쉼터에서 생활하는 사람, 어떤 형태로든 빈곤을 겪고 있는 사람—그들 모두는 그곳에 이르게 된 각자의 이야기를 가지고 있다. 나는 두려움이 한순간에 사라진다고 믿지 않는다. 하지만 그 해답은 우리가 빈곤과 노숙을 겪는 사람들을 어떻게 바라보느냐에서 시작된다. 그리고 그들을 대하는 우리의 태도를 바꾸면서 더 깊어질 것이다. 우리는 매일 의식적으로 선택해야 한다. 두려움에 맞서 살아가기로.

노숙인에게 다가가, 그들의 이야기를 들어보라.

자신과 다른 배경을 가진 직장 동료와 대화해 보라.

어려운 시간을 겪은 사람을 바라볼 용기를 내라.

평소에 두려워서 하지 못했던 일을 한 가지만 해 보라.

이 기회를 통해, 두려움에 기반한 삶의 방식을 의식적으로 내려놓아 보라. 나는 당신이 빈곤과 소외된 사람들을 향한 사회의 무관심을 키우는 두려움의 확산을 멈추는 일에 동참하기를 바란다. 다음번에 취약하고 소외된 사람을 마주할 때, 두려움이 아닌 이해의 시선으로 바라보기를 바란다. 그 변화는 진정으로 사람을 바라보는 것에서 시작된다.

제 3 장

사랑방 만들기

지난주, 나는 친구 데이브(Dave)를 만나기 위해 한 카페에 갔다. 오랜만에 만난 그는, 최근 왜 그렇게 바빴는지 설명해주었다. "몇 달 전에 카라(Kara)와 결혼하고 나서, 전에 말했던 MBA 과정을 시작했어. 그와 동시에, 새로운 직장을 제안받았고, 지난달에는 새집으로 이사까지 했어! 도무지 시간이 없어. 겨우 숨만 쉬고 사는 느낌이야. 예전에는 내가 좋아했던 일들을 하면서 기쁨을 느꼈는데, 이제는 그런 시간조차 없어. 노숙인들을 돕고 봉사하는 걸 정말 좋아했었는데, 심지어 교회에 가는 것도 점점 어려워지고 있어."

그는 계속해서 이야기했다. 그는 어딘가에 몸은 있어도, 대부분의 시간 동안 머릿속은 딴 곳에 가 있었다고 했다. 작성해야 할 논문, 보내야 할 이메일, 혹시 깜빡 잊은 일이 없는지 생각하느라 정작 현재의 순간을 온전히 누리지 못하고 있었다. 이런 경험은 우리 모두에게 익숙한 일이다. 삶은 바쁘게 흘러가고, 우리는 우리가 한 약속들을 따라잡기 위해 허겁지겁 살아간다.

내가 데이브와의 대화에서 가장 흥미로웠던 점은, 그가 말하지 않은 것들이었다. 그는 자신을 압도하는 일정에 관해 이야기하면서, 정작 사람들과의 관계는 언급하지 않았다. 그는 언제 사람들과 함께할 시간을 보낼까? 그의 삶에서 관계의 자리는 어디에 있을까?

우리가 남는 시간까지도 최대한 활용하려 애쓰는 동안에, 그 과정에서 우리의 부재로 인한 대가를 치르는 것은 결국 사람들이다. 우리는 기회와 약속을 삶 속에 최대한 욱여넣는다. 그러다 보면 그 무게에 떠밀려, 정작 중요한 사람들과의 거리는 점점 멀어져 간다. 이는 우리 가까이에 있는 사람들(가족, 친구, 지역사회)에게 영향을 미칠 뿐만 아니라, 이미 사회적으로 소외되고 밀려난 사람들에게도 영향을 준다. 리처드 스웬슨(Richard Swenson)은 그의 저서 여백(Margin)에서 이렇게 말한다.

우리에게는 숨 쉴 공간이 필요하다. 우리는 생각할 자유와 회복할 여유를 가질 필요가 있다. 우리의 관계는 너무 빠른 속도에 의해 점점 고갈되고 있다. 이제는 아무도 제대로 들어줄 시간조차 없다. 사랑은 말할 것도 없다. 우리의 아이들은, 우리의 선한 의도라는 이름 아래 광속처럼 바쁘게 돌아가는 삶에 짓밟힌 채 상처받고 쓰러져 있다. 하나님께서 이제는 '지칠 대로 지치는 것'을 원하시는가? 그분은 더 이상 잔잔한 물가로 우리를 인도하지 않으시는가? 과거의 넓고 여유로운 공간들은 어디로 사라졌는가? 우리는 그것을 어떻게 되찾을 수 있을까? 우리의 감정이 기대어 쉴 수 있는 휴경지조차 이제는 존재하지 않는다.[1]

우리는 서로 연결된 세계 속에서 살아가고 있다. 우리가 자신의 시간과 여백을 더 채우면 채울수록, 소외된 사람들은 더욱 고통받는다. 그리고 우리가 사람들을 점점 더 가장자리로 밀어낼수록, 그들이 소외된 채 머무르게 되는 것은 더욱 쉬워진다.

예수님은 신약에서 한 소외된 사람에 대한 이야기를 들려주셨다.

"어떤 사람이 예루살렘에서 여리고로 내려가다가 강도들을 만났다. 강도들이 그 옷을 벗기고 때려서, 거의 죽게 된 채로 내버려두고 갔다. 마침 어떤 제사장이 그 길로 내려가다가 그 사람을 보고 피하여 지나갔다. 이와 같이, 레위 사람도 그 곳에 이르러 그 사람을 보고, 피하여 지나갔다. 그러나 어떤 사마리아 사람은 길을 가다가, 그 사람이 있는 곳에 이르러, 그를 보고 측은한 마음이 들어서, 가까이 가서, 그 상처에 올리브 기름과 포도주를 붓고 싸맨 다음에, 자기 짐승에 태워서, 여관으로 데리고 가서 돌보아주었다. 다음 날, 그는 두 데나리온을 꺼내어서, 여관 주인에게 주고, 말하기를 '이 사람을 돌보아주십시오. 비용이 더 들면, 내가 돌아오는 길에 갚겠습니다' 하였다. 너는 이 세 사람 가운데서 누가 강도 만난 사람에게 이웃이 되어 주었다고 생각하느냐?"
그가 대답하였다. "자비를 베푼 사람입니다."
예수께서 그에게 말씀하셨다. "가서, 너도 이와 같이 하여라."
(누가복음 10:30b~37)

나는 이 이야기가 우리 시대의 현실과 매우 닮아 있다고 생각한다. 신약성경에서 레위인과 제사장은 모세 율법을 지켜야 한다는 종교적 이유로 길가에 쓰러진 사람을 외면하고 지나갔다. 하지만 예수님이 말씀하신 그 장면과 우리가 신호등 앞에서 시선을 돌리거나, 지하철에서 구걸하는 사람을 바쁜 일정 때문에 무시하는 모습 사이에 큰 차이가 있는가?
바쁜 삶은 우리를 '다른 사람들'로부터 눈멀게 한다. 혹은, 적어도 '고개를 돌려 지나가는 것'에 대해 덜 죄책감을 느끼게 만든다. 그러나 우리가 삶 속에서 '여백'을 만들 때, 비로소 사람들을 알아차리고, 그들을 진정으로 바라볼 기회를 얻는다. 우리가 어떻게 우리 삶의 여백을 활용하느냐에 따라, 이미 사회에서 밀려난 사람들의 삶도 영향을 받게 된다.

여유와 바쁨

미국 사회에서 우리는 점점 더 빠르게 움직이고 있다. 새로운 휴대폰, 노트북, 서비스마다 경쟁 제품보다 더 빠르다고 약속한다. 바쁨은 이제 단순한 특정한 시기가 아니라, 우리 일상의 기본 설정이 되어버렸다. 우리는 바쁜 삶을 성공의 상징으로 여기고, 그 반대인 여유나 쉼을 게으름으로 치부하며 평가절하한다. 그러나 이 끝없는 바쁨은 우리를 빠져나올 수 없는 악순환에 가두고 있다. 여백(Margin)에서 스웬슨은 이에 대해 이렇게 말한다. "우리는 역사상 그 어떤 나라보다도 '개인당 소유물'을 더 많이 가지고 있다. 옷장은 가득 찼고, 창고는 이미 꽉 찼으며, 차고에는 차를 주차할 공간조차 없다. 소유물은 먼저 우리를 '빚의 감옥'에 가두고, 이제는 우리의 집을 점령하며, 우리의 시간을 잠식하고 있다. 이것은 마치 '침략'과도 같다. 내가 가진 모든 것이 곧 나를 지배한다. 그렇다면, 나는 왜 더 많은 것을 원해야 하는가?"[2]

"잘 지내?"라는 질문에 대한 가장 흔한 대답은 이거다. "아, 응. 잘 지내. 바쁘지, 바빠." 하지만, "응, 잘 지내. 며칠 푹 쉬었어. 요즘 별로 한 일이 없어"라고 대답하는 사람들은 거의 없다. 왜일까?

최근 연구에 따르면, 바쁨은 사회적 지위의 새로운 상징으로 자리 잡고 있다. 실험 결과, 사람들은 바쁜 삶을 높은 지위와 연관 짓는 경향이 있었다. 흥미롭게도, 이 개념은 아메리칸드림의 영향에서 비롯되었다. 우리는 여전히 열심히 일하면 누구나 성공할 수 있다는 믿음 아래 살고 있다.[3]

우리는 더 사랑받고 싶고, 더 인정받고 싶고, 더 집 같은 안정감을 느끼기 위해 삶 속에 끝없이 무언가를 추가하려 하는 내면의 빈곤이 끊임없는 바쁨으로 인해 심화되기도 한다. 그러나 이러한 영적 빈곤은 우리가 활동을 통해 의미를 찾으려 하도록 만들고, 우리의 가치를 우리를 창조하시고 돌보시는 하나님 안에서 찾지 못하게 한다.

사실일까? 정말로 바쁨은 곧 성공을 의미하는가? 성공이란 무엇인가? 대부분 성공이라고 할 때, 그들이 말하는 것은 경제적인 성공이다. 그러나 지금 우리를 바쁘게 하고, 우리의 시간을 빼앗고 있는 것들이 과연 우리에게 목적을 주거나, 우리 삶에 의미 있는 흔적을 남길까?

누군가가 바쁨을 사람보다 우선하는 모습을 지켜보는 것은 가슴 아픈 일이다. 이는 우리가 자신에게 들려주는 이야기, 즉 나는 누구이며, 내 가치는 무엇인가에 대한 깊은 질문을 건드린다. 누군가 당신에게 너무 바쁘다며 시간을 내지 않았던 순간을 떠올려 보라. 어떤 사람이 사람과의 관계보다 물질적인 것을 추구하는 길을 선택했던 순간을 기억하는가? 우리는 이런 선택을 너무도 자주 한다. 그리고 우리는 그 선택이 남기는 상처를 쉽게 잊는다. 우리는 사람들에게 그들이 하나의 트로피나 은행 잔고의 숫자보다 덜 소중하다고 말하는 것과 같은 행동을 한다.

우리가 누군가에게 너는 내 시간을 할애할 만큼 중요하지 않다고 말할 때, 그들에게 어떤 메시지를 전달하는 것일까? 그 시간을 들여 우리는 무엇을 쫓고 있는가? 결국 우리는 과도한 약속에 짓눌리고, 소진되고, (곧 사라질 것들인) 명성과 소유물을 쟁취하기 위해 싸우는 삶을 살게 된다. 그러다 보면 어느새, 원래는 중요하게 여기지도 않았던 것들에 헌신하게 된다. 마치 오랜 시간 가족을 위해 열심히 일하며 모든 것을 채워주려 애쓰던 아버지가, 어느 날 아이들이 원했던 것은 단순히 '더 많은 시간'이었다는 것을 깨닫는 것과 같다.

우리는 차와 집을 모으고, 은행 잔고의 숫자를 바라보며 오르기를 기대하고, 그 모든 것을 위해 우리의 시간을 거래한다. 그리고 우리는 바쁠수록 더 큰 영향을 미치고 있다고 착각한다. 끊임없이 움직이는 것이 곧 '삶에서 앞으로 나아가고 있는 것'이라고 믿게 된다. 우리는 자신을 속이는 데 점점 더 능숙해졌다. 그 결과, "나는 너무 바빠서 너에게 시간을 낼 수 없어"라는 말이 사회의 표준이 되었고, 우리는 사람이 가치 있는 존재가 아니라는 생각을 배우고, 또 가르치게 되었다.

하지만 예수님이 이 땅에 오셨을 때, 그분은 분명히 다른 메시지를 전하셨다. 그분은 사회와 문화가 가르쳐 온 방식과 정반대의 메시지를 주로 전하셨다.

예수님은 오히려, 진정한 보물과 가치는 우리가 쌓아 올리는 것이 아니라 하나님의 것에 투자하는 데서 온다고 말씀하셨다. 그분은 우리가 이 땅에 쌓아 둔 것들은 결국 사라지고 우리를 떠나겠지만, 하나님께 드리는 보이지 않는 것들은 영원할 것이라고 결론지으셨다.

> 너희는 자기를 위하여 보물을 땅에다가 쌓아 두지 말아라. 땅에서는 좀이 먹고 녹이 슬어서 망가지며, 도둑들이 뚫고 들어와서 훔쳐 간다. 그러므로 너희를 위하여 보물을 하늘에 쌓아 두어라. 거기에는 좀이 먹고 녹이 슬어서 망가지는 일이 없고, 도둑들이 뚫고 들어와서 훔쳐 가지도 못한다. 너의 보물이 있는 곳에, 너의 마음도 있을 것이다.(마태복음 6:19~21)

예수님은 내면의 영적 빈곤을 해결하는 것이 가장 큰 자유를 가져다준다는 것을 알고 계셨다. 그분의 말씀은 오늘날에도 여전히 진리로 울려 퍼진다. 우리의 기쁨은 무언가를 얻으려 애쓰는 데 있는 것이 아니라, 전능하신 하나님과의 관계를 유지하는 데 있다.

나는 일과 바쁨이 내 삶을 지배하지 않도록 조심해야 한다는 것을 배웠다. 나는 자주 여행을 다니며 강연하곤 한다. 그 과정에서 삶과 시간, 그리고 내가 세상에 미칠 영향에 대한 두 가지 중요한 신념을 가지게 되었다. 하나는 누구나 변화를 만들 수 있다는 것이고, 또 하나는 나는 영원히 살 수 없다는 것이다. 내가 영원히 살 수 없다는 사실은 나를 두렵게 하면서도 동시에 위로한다. 그것은 내가 이 세상을 떠날 때 가져갈 수 있는 것은 내가 맺은 관계들과, 내가 남긴 영향뿐임을 상기시켜 준다.

이 깨달음에 도달하는 데 오랜 시간이 걸렸고, 정말로 어떤 것에 시간을 투자할 가치가 있는지 결단하는 데는 더 많은 시간이 필요했다. 그러나 그 과정 속에서 나는 삶 속에 여백을 만드는 것과 진정으로 중요한 것을 우선순위에 두는 것이 서로 맞닿아 있다는 사실을 발견했다.

우리는 우리의 핵심 가치를 정의해야 한다. 이 일이 어색하게 느껴질 수도 있다, 특히 그리스도인이라면 더욱 그렇다. 우리의 핵심 가치는 이미 정해져 있는 것 아닌가? 그것은 성경에 나와 있는 규칙과 이상이 아니었나? 그러나 내가 만난 대부분의 그리스도인들은 성경의 말씀을 실제적인, 실행할 수 있는 삶의 리듬으로 구체화하여 살아가는 데 어려움을 겪는다. 결국 각자가 자신에게 던지고, 스스로 답해야 할 질문들이 있다.

- 나는 무엇을 위해 살아가는가?
- 무엇이 나를 분노하게 만드는가?
- 무엇이 밤잠을 설치게 하는가?
- 무엇이 나를 걱정하게 만드는가?
- 나의 가족과 결혼은 어떤 가치를 지향하는가?

이 질문들에 대한 답을 찾으면, 자신이 무엇을 위해 살아가고, 어디에 시간을 투자할 것인지에 대한 확고한 기반을 세울 수 있다. 이런 핵심 가치들은 우리 삶의 가드레일 역할을 한다. 만약 고속도로에 차선을 표시하는 선이 없다면, 사람들은 마구잡이로 운전하다 사고를 낼 것이다. 우리의 삶도 마찬가지다. 우리가 어디로 가고 싶은지 이끌어 줄 지침이 없다면, 우리는 쉽게 다른 것들에 휩쓸려 길을 잃고 만다.

어떤 사람이 예수님께 "가장 큰 계명이 무엇입니까?"라고 물었을 때, 예수님께서는 이렇게 대답하셨다. "'네 마음을 다하고, 네 목숨을 다하고, 네 뜻을 다하여, 주 너의 하나님을 사랑하여라' 하였으니, 이것이 가장 중요하고 으뜸가는 계명이다. 둘째 계명도 이것과 같은데, '네 이웃을 네 몸과 같이 사랑하여라' 한 것이다. 이 두 계명에 온 율법과 예언서의 본 뜻이 달려 있다."(마태복음 22:37~40)

이 말씀은 우리가 시간을 어떻게 사용하고, 무엇을 가치 있게 여겨야 하는지에 대해 어떤 의미가 있는 것일까?

우리의 핵심 가치는 우리의 우선순위를 결정한다. 그리고 우선순위가 정해지면, 우리는 결국 그것에 시간과 돈, 자원을 투자하게 된다. 나는 우리 가족의 핵심 가치를 딸과 아들에게 가르쳤던 순간을 절대 잊지 못할 것이다. 나는 아이들에게 이렇게 말했다. 우리는 하나님을 사랑한다. 우리는 가족을 사랑한다. 우리는 사람들을 사랑한다. 우리는 어떤 일이든 최선을 다한다.

나는 이것이 단순하게 들릴 수도 있다는 것을 안다. 하지만 내 아이들이 가족과 함께 시간을 보내는 것을 소중히 여기고, 아내와 나와 함께 봉사하는 것을 기쁘게 여기는 모습을 보는 것은 놀라운 일이다. 나는 그 어려운 것을 해냈다! 그리고 그보다 더 감동적인 순간은, 두 아이가 직접 세례를 받기로 결단했을 때였다. 그 순간, 세례를 베푸는 사람이 내가 될 수 있었다는 것이 더욱 특별했다. 우리는 아이들에게 "하나님을 위해 살아가는 삶"과 "하나님을 위해 하는 일" 사이에는 아무런 구분이 없다는 것을 가르치려 노력해 왔다.

실제로, 하나님과 함께하고 하나님을 위해 살아가는 삶은 우리의 존재 자체에 깊이 스며들어야 한다. 그렇기 때문에 다른 사람을 돕기 위해 시간을 내고 봉사하는 것은, 내 아이들에게 결코 체벌이 아니다. 그것은 신앙인으로서 우리가 정한 핵심 가치에서 자연스럽게 흘러나오는 삶의 방식이다.

나의 여유를 사랑방으로

내 인생에서 가장 큰 꿈 중 하나는 내 이름 앞에 "박사(Dr.)"라는 타이틀을 갖는 것이었다. 왜일까? 나는 고등학교를 중퇴했지만, 결국 네 개의 학위를 취득했다. 많은 사람들이 내가 실패할 것이라 생각했던 환경을 이겨냈다. 나는 성공할 가능성이 가장 낮은 사람에서 박사 테렌스가 되는 과정이 멋질 것이라고 생각했다. 나는 교육을 매우 중요하게 여기고, 불리한 환경을 극복한 사람이기 때문에, 박사 학위를 취득하는 것은 내게 중요한 목표였다.

나는 여전히 학교를 그만두던 날을 생생하게 기억한다. 당시 나는 18세가 되기 직전이었고, 졸업을 앞두고 있었다. 그때까지 나에게 나는 절대 성공하지 못할 것이고, 아무것도 이룰 수 없을 거라 말하던 선생님들의 목소리가 지금도 머릿속에서 울린다.

내 박사 학위 도전은 단순한 공부가 아니라, 나 자신을 위한 상징적인 전환이었다. 나는 나 자신과 다른 사람들에게 내가 충분히 해낼 수 있다는 것을 증명하고 싶었다. 또한, 더 많은 사람을 돕는 데 필요한 지식을 얻고 싶었다. 그 박사 학위는 내가 손에 쥘 수 있는 가장 의미 있는 종이 한 장이 될 것이라 생각했다.

2011년, 나는 박사 과정에 입학했다. 그와 동시에, 빈곤을 겪는 사람들과 함께 일하며, 이 일에 대해 더 깊이 알리고 그들을 위해 화해와 변화를 끌어내는 일에 전적으로 헌신해 볼까 고민하기 시작했다.

나는 두 가지 목표를 동시에 추구하는 것에 대한 고민을 멘토에게 털어놓았다. 그는 나에게 도전적인 말을 던졌다. "학교에 다니면 교실에서 얻는 경험도 있지만, 내 생각에 너는 공동체에 전적으로 몰입하면 훨씬 더 많은 경험을 얻을 수 있을 것 같아."

나는 그의 말이 정확히 무엇을 의미하는지 이해했다. 책상 앞에서 앉아 빈곤과 성경 신학을 이론적으로 배우는 것과, 직접 거리로 나가 사람들을 만나고 해결책을 모색하는 것은 완전히 다른 일이었다.

나는 박사 학위를 취득하는 것은 '나 자신을 위한 목표'라는 사실을 곧 깨닫게 되었다. 물론 그것도 좋고 중요한 목표였지만, 지금이 그 길을 갈 '적절한 때'는 아니었다. 내 앞에 놓인 일과, 내가 섬기고 있는 사람들이 교실에서의 학문보다 더욱 나의 관심과 헌신을 필요로 하고 있었다.

나는 박사 과정에서 두 과목을 마친 상태에서, 나는 아내에게 말했다. "내 생각에는, 이 과정을 그만둬야 할 것 같아."

이 꿈을 포기하는 것은 쉽지 않았다. 하지만 나는 이것이 하늘에 보물을 쌓는 필요한 희생이라고 생각했다. 그리고 지금 나는 확신한다. 그 결정은 내 인생에서 가장 잘한 선택 중 하나였다. 나는 넓은 강의실에서 교수가 이론적으로 설명하는 내용을 듣는 것보다, 내가 직접 사람들 가까이에서 그들을 섬기는 삶을 택하고 싶었다. 그 둘 사이에는 엄청난 차이가 있었다.

그리고 내가 이 일을 하면서 배우는 교훈들은, 어느 곳에서도 얻을 수 없는 소중하고 필수적인 지식들이다.

나는 여전히 박사 학위를 얻고 싶다. 그렇다면, 계속 미뤄야 할까? 때가 되면, 하나님께서 기회를 마련해 주실 것이다. 그러나 그때까지는, 나의 개인적인 목표가 사람들을 향한 헌신보다 앞설 수 없다는 것을 알고 있다.

박사 학위는 좋은 목표다. 하지만 때로는 더 중요한 것을 위해 좋은 것조차 내려놓아야 할 때가 있다. 이때 필요한 것이 바로 우리의 핵심 가치를 아는 것이다. 우리는 한정된 시간, 공간, 그리고 자원을 여러 가지 일들에 나누어 써야 한다. 따라서 먼저 현재 우리의 시간과 자원을 어떻게 사용하고 있는지 점검해야 한다. 그렇게 해야만, 우리의 핵심 가치와 하나님의 계획에 맞는 삶의 리듬으로 나아갈 수 있다. 어쩌면 언젠가 내 삶에 충분한 '여백'을 만들어 박사 학위를 마칠 수도 있을 것이다. 그러나 지금 이 순간, 나는 '사람들에게 다가가는 것'을 더 우선순위에 두고 있다. 그리고 감사하게도, 나는 여전히 대학과 여러 기관에서 강연할 기회를 얻으며 내가 배운 모든 것을 세상과 나눌 수 있다.

당신의 여유를 사랑방으로

어떻게 하면 내 삶 속에서 여백을 만들기 시작할 수 있을까? 나는 여백을 생각할 때, 삶을 가장 단순한 형태로 줄이는 것을 떠올린다. 우리에게 정말로 필요한 것은 얼마나 될까?

우리가 쫓고 있는 대부분의 것들은 녹슬고, 썩고, 빛이 바래고, 시간이 지나면 결국 사라진다. 우리는 박사 학위 증서를 무덤까지 가져갈 수도 없고, 큰 TV, 아이폰, 신용카드 역시 영원히 소유할 수 없다.

몇 년 전, 나는 한 유명 영화 스튜디오의 대표를 소개받았다. 그는 내가 워싱턴 D.C.까지 행진했던 활동에 대해 알게 되었고, 그 여정을 SNS를 통해 지켜보았다. 그러던 어느 날, 그가 아내에게 내가 돌아오면 직접 만나서 이야기하고 싶다는 이메일을 보내왔다.

우리는 미팅 일정을 잡았다. 그날, 나는 자동차를 몰고 스튜디오 앞에 도착했다. 정문 앞의 경비원에게 초대받아 이곳에 왔다고 말하자, 그는 혼란스러운 표정으로 나를 바라보았다. 그는 컴퓨터 화면을 보고 나를 보고, 다시 화면을 보고, 또다시 나를 바라보았다. 그리고 천천히 문이 열리기 시작했다. 나는 차를 몰고 스튜디오 정문으로 들어섰다.

건물 안으로 들어서자, 리셉션 직원이 나를 맞이하며 엘리베이터로 안내했다. 그 엘리베이터는 최상층으로 곧장 올라가도록 설정되어 있었다. 그제야 나는 내가 만나려는 사람이 단순한 임원이 아니라, 회사 전체의 대표라는 사실을 깨닫기 시작했다.

엘리베이터 문이 천장까지 이어진 창문이 있는 사무실을 향해 열렸고, 그곳에서는 도시 전체가 한눈에 내려다보였다. 우리는 자리에 앉아 이야기를 나누기 시작했다. 나는 빈곤에 맞선 행진(March Against Poverty)에 관해 이야기했고, 내가 왜 700마일(약 1,100km)을 걸어가며 빈곤 문제에 관한 관심을 촉구했는지 설명했다. 나는 내 이야기를 꺼내기 시작했다. 어린 시절, 어머니와 가족이 빈곤 속에서 고군분투하는 모습을 지켜보았던 경험. 한때 내가 직접 노숙인이 되어 겪었던 시간들. 그의 눈가에 눈물이 맺혔다. 그는 얼른 눈을 깜박이며 눈물을 삼키려 애썼다.

"도움을 주고 싶습니다. 내가 무엇을 할 수 있을까요?" 그가 즉각적으로 도움을 제안하자, 나는 순간 놀랐다. 곧바로 떠오른 것은 우리 단체가 다음에 진행할 프로젝트였다. "음, 저희가 Wishlist Christmas라는 프로그램을 진행하고 있습니다. 이 캠페인은 우리가 알고 있는 사람들에게 선물을 전달하고, 우리가 섬기는 지역사회의 필요를 채우는 활동입니다."

그는 아내와 형제와 함께 우리가 보낸 목록의 모든 선물을 구입했다. 그리고 크리스마스가 가까워졌을 때, 그는 가족과 함께 직접 봉사하러 왔다. 그렇게 해서, 한 유명 영화 제작자가 내 옆에서, 빈곤 속에서 힘겹게 살아가는 가족들에게 선물을 나눠주고 있었다.

그날, 그는 내게 말했다. "우리에겐 이런 시간이 필요해요. 우리 가족에게도 이런 경험이 더 많이 필요합니다." 그 이후로, 그는 "섬김이 우리 가족의 삶의 일부가 될 것입니다"라고 전해왔다. 그처럼 바쁘고 많은 책임을 지고 있는 사람도 잠시 멈추고 봉사할 공간을 만들 수 있다면, 비교적 덜 바쁘고, 더 적은 책임을 지고 있는 우리는 우리의 삶 속에서 그와 같은 일을 할 수 있는 여백을 만들 수 있지 않을까?

나는 종종 작은 것부터 시작하라고 제안한다. 한 달에 단 한 시간이라도. 그 정도라면 가능하지 않을까? 나는 확신한다. 누구나 한 달에 한 시간은 찾아내고, 그 시간을 봉사하는 데 할애할 수 있다.

"하지만, 내가 한 시간밖에 없으면요?" "한 달에 단 5달러밖에 기부할 수 없다면요?" "그게 과연 의미가 있을까요?" 나는 이런 질문을 자주 듣는다.

한 사람에게 한 주에 한 시간이란 많지 않을 수도 있다. 하지만 우리가 간과하는 것은, 이 싸움은 한 개인이 해결하는 것이 아니라, 우리가 모두 함께할 때 가능하다는 사실이다. 만약, 이 글을 읽고 있는 1,000명이 한 달에 단 한 시간씩만 헌신한다면 어떨까? 그러면 1년 동안 총 12,000시간이 된다. 그 시간은 기회를 제공하고, 서로 관계를 형성하며, 정의를 위해 싸우는 데 사용될 수 있다. 그러니 작은 시작이라도 결코 의미 없는 것이 아니다. 모두가 함께할 때, 그것은 엄청난 변화를 만든다.

지난주, 나는 우리 센터에 있었다. 그때 한 자동차가 주차장으로 들어왔다. 우리는 방금 아침 프로그램을 마친 상태였고, 식료품이 모두 소진된 상황이었다. 차에서 한 노부인이 내렸다. 그녀는 로비로 천천히 걸어 들어왔다. 그녀는 우리에게 자신의 이야기를 들려주었다. "나는 올해 83살이에요. 암을 앓고 있지만, 더 이상의 수술은 원하지 않아요. 내 시간이 다 되면… 그냥 그렇게 가는 거죠. 차에 손자가 있어요. 지금 여름방학이라 학교에 가지 않아요. 그런데 이제 아이에게 먹일 음식이 충분하지 않아요." 그녀의 눈에 눈물이 고였다. 나는 식료품이 모두 떨어진 상황에서 어떻게든 그녀를 도울 방법을 고민하고 있었다.

그때, 또 다른 차가 센터로 들어왔다. 한 자원봉사자가 차에서 내리더니, 트렁크를 열고, 식료품이 담긴 봉투를 꺼내 기부를 위해 센터에 내려놓았다. 우리는 즉시 그 봉사자에게 부탁해 노부인의 차에 그 음식을 실어드리도록 했다. 그 순간, 할머니는 참았던 눈물을 터뜨렸다.

그 자원봉사자는 센터까지 운전하는 데 25분이 걸렸고, 집에서 식료품을 챙기는 데는 그저 몇 분이 걸렸다. 그 짧은 시간이 한 가족을 먹일 수 있었다. 작은 행동이라도 중요하다. 변화는 한 사람의 행동에서 시작된다.

나는 때때로 그리스도인들이 혁명을 시작한다면 어떤 모습일지 상상해 본다. 시간을 아낌없이 내어주고, 진정 중요한 일들을 위한 여백을 만드는 혁명. 최근 연구에 따르면, 미국에는 약 2억 4천만 명의 그리스도인이 있다고 한다.[4] 그렇다면 2억 4천만 명의 그리스도인이 한 달에 단 한 시간씩만 헌신한다면 어떨까? 가난한 자들을 섬기고, 목소리를 낼 수 없는 이들을 위해 일하며, 예수님의 메시지를 실천하는 데 시간을 투자한다면? 우리는 세상을 바꿀 수 있다.

어떤 사람들은 누군가에게 무언가를 준다고 해서 빈곤 같은 거대한 문제가 사라지지는 않는다고 말할 수도 있다. 하지만 나는 사람들이 무료로 물건을 받게 하자는 것도, 다른 사람들이 기부하고 스스로 뿌듯함을 느끼게 하자는 것도 아니다. 나는 그 이상을 이야기하고 있다. 나는 우선순위의 혁명과 급진적인 변화를 촉구하고 있다. 우리가 더 많은 시간을 사람들에게 투자한다면, 얼마나 큰 영향을 미칠 수 있는지 깨닫기를 바란다. 사회 가장자리로 밀려난 이들을 섬기고, 그들을 보고, 그들을 사랑하는 데 시간을 쓰는 것. 그것이 우리가 만들어야 할 변화이다.

이런 삶을 살아가기 위해서는 용기가 필요하다. 그리고 대부분의 경우, 우리는 무언가를 내려놓아야 한다. 어쩌면 우리가 하고 있는 다른 좋은 일일 수도 있다. 그러나 그것이 가장 중요한 것이 아니라면, 과감히 내려놓아야 한다. 그 시작은 내면을 돌아보는 것에서 출발한다. 나는 어떤 가치를 소중히 여기는가? 그 가치들은 내 삶에 어떻게 스며들어 있는가?

만약 우리가 더 큰 창고를 짓고 더 많은 소유물을 쌓는 대신, 사람들을 세워가는 데 시간을 쓴다면, 세상은 어떻게 변할까? 우리가 소외된 자들, 가장 약한 자들, 목소리를 내지 못하는 자들을 위해 시간을 낼 수 있도록 여백을 만든다면, 세상은 얼마나 달라질까? 그것이 바로 예수님께서 선택하셨던 길 아닌가?

제 4 장
지금 가진 것으로 섬기기

내가 노숙 생활을 체험했던 그 일주일 동안, 나는 친구들과 함께 거리 모퉁이에 서서 지나가는 차들에게 동전을 구걸했다. 수백 대의 차들이 네 시간 동안 우리 앞을 지나갔다. 하지만 가장 힘든 순간은, 누군가 우리를 완전히 무시하고 지나갈 때였다. 마치 우리가 존재조차 하지 않는 것처럼. 거리 모퉁이에 있지 않을 때, 우리는 다리 아래로 가서 쉬곤 했다. 때로는 몇 마일을 걸어 가장 가까운 맥도날드까지 갔다. 그리고 누군가가 1달러 메뉴에서라도 뭔가를 사주길 바라며 기다렸다.

거리에 서 있으면, 수많은 생각이 머릿속을 스쳐 지나간다. 내가 어떻게 여기까지 오게 된 거지? 누가 도와줄까? 오늘은 뭘 먹을 수 있을까? 다음 차는 멈춰줄까? 그들은 우리를 보고 있을까?

어떤 날은 노숙인 쉼터까지 걸어가 빈자리가 있는지 확인하기도 했다. 요일에 따라, 가장 가까운 식료품 저장고나 무료 급식소까지 걸어가기도 했다. 그 끊임없는 떠돌이 생활 속에서 나는 스스로에게 이런 질문을 던졌다. 가난한 사람들을 책임지는 것은 누구인가?

지나가는 차들 속의 사람들인가? 비영리 단체들과 쉼터들이 책임을 져야 하는가? 아니면, 정부가 이들을 돌보고 길 위에서 굶어 죽지 않게 해야 하는가? 우리는 어떻게 하면 가난한 이들을 책임지는 존재가 될 수 있을까? 어떻게 하면 자기중심적인 삶에서 벗어나 타인을 중심으로 바라보는 삶으로 초점을 바꿀 수 있을까?

지금 나는 빈곤층을 돕는 비영리 단체를 운영하고 있다. 그러면서 이 질문에 대한 다양한 대답을 듣게 된다. 사람마다 서로 다른 답을 내놓는다(힌트: 거의 아무도 자신이 해야 한다고 말하지 않는다). 그렇다면, 예수님은 이 질문에 어떻게 대답하셨을까?

마태복음 25장에서 예수님은 이렇게 말한다.

그 때에 임금은 자기 오른쪽에 있는 사람들에게 말하기를 '내 아버지께 복을 받은 사람들아, 와서, 창세 때로부터 너희를 위하여 준비한 이 나라를 차지하여라. 너희는, 내가 주릴 때에 내게 먹을 것을 주었고, 목마를 때에 마실 것을 주었으며, 나그네로 있을 때에 영접하였고, 헐벗을 때에 입을 것을 주었고, 병들어 있을 때에 돌보아 주었고, 감옥에 갇혀 있을 때에 찾아 주었다' 할 것이다.

그 때에 의인들은 그에게 대답하기를 '주님, 우리가 언제, 주님께서 주리신 것을 보고 잡수실 것을 드리고, 목마르신 것을 보고 마실 것을 드리고, 나그네 되신 것을 보고 영접하고, 헐벗으신 것을 보고 입을 것을 드리고, 언제 병드시거나 감옥에 갇히신 것을 보고 찾아갔습니까?' 하고 말할 것이다.

임금이 그들에게 말하기를 '내가 진정으로 너희에게 말한다. 너희가 여기 내 형제자매 가운데, 지극히 보잘 것 없는 사람 하나에게 한 것이 곧 내게 한 것이다' 할 것이다.

그 때에 임금은 왼쪽에 있는 사람들에게도 말할 것이다. '저주받은 자들아, 내게서 떠나서, 악마와 그 졸개들을 가두려고 준비한 영원한 불 속으로 들어가라. 너희는 내가 주릴 때에 내게 먹을 것을 주지 않았고, 목마를 때에 마실 것을 주지 않았고, 나그네로 있을 때에 영접하지 않았고, 헐벗었을 때에 입을 것을 주지 않았고, 병들어 있을 때나 감옥에 갇혀 있을 때에 찾아 주지 않았다.'

그 때에 그들도 이렇게 말할 것이다. '주님, 우리가 언제 주님께서 굶주리신 것이나, 목마르신 것이나, 나그네 되신 것이나, 헐벗으신 것이나, 병드신 것이나, 감옥에 갇히신 것을 보고도 돌보아 드리지 않았다는 것입니까?'

그 때에 임금이 그들에게 대답하기를 '내가 진정으로 너희에게 말한다. 여기 이 사람들 가운데서 지극히 보잘 것 없는 사람 하나에게 하지 않은 것이 곧 내게 하지 않은 것이다' 하고 말할 것이다.(마태복음 25:34~45)

이 말씀을 읽을 때, 그 의미는 분명하고 단순하다. 하지만 우리는 종종 그것을 불필요하게 복잡하게 만들고 싶어진다. 그러나 나는 이 말씀이 명확하게 우리에게 말하고 있다고 믿는다. 그리스도인들이 가난한 이들을 돌보는 일에 가장 앞장서야 한다.

그리스도인들은 종종 가난한 사람이 왜 가난한가에 대해 핑계를 대기가 쉽다. 더 나쁜 것은, 우리가 미디어나 잘못된 정보로 인해 왜곡된 이야기들을 믿고 있다는 것이다. 때로 우리는 성경 말씀조차 가난한 이들을 외면하기 위한 변명으로 잘못 사용한다. 나는 마태복음 26장 11절을 잘못 인용하는 경우를 수도 없이 들어왔다. "가난한 자들은 항상 너희와 함께 있거니와…" 이 구절을 빌려 "어차피 가난한 사람들은 항상 존재할 테니, 도와줄 필요 없다"라는 식으로 해석하는 사람들이 있다. 그러나 예수님께서 이 말씀을 하셨을 때, 그분은 사실 두 가지 중요한 메시지를 전달하고 계셨다. 첫째, 신명기 15장 11절을 인용하신 것이다. 둘째, 제자들에게 가난한 사람을 섬기는 것이 얼마나 중요한지 가르치신 것이다.

만약 예수님과 함께 있었던 당시의 유대인들이라면, 그분이 무슨 뜻으로 말씀하셨는지 즉시 이해했을 것이다.[1] 다음은 예수님께서 인용하신 성경 말씀이다.

주 당신들의 하나님이 당신들에게 주시는 땅의 어느 한 성읍 가운데에 가난한 동족이 살고 있거든, 당신들은 그를 인색한 마음으로 대하지 마십시오. 그 가난한 동족에게 베풀지 않으려고 당신들의 손을 움켜 쥐지 마십시오. 반드시 당신들의 손을 그에게 펴서, 그가 필요한 만큼 넉넉하게 꾸어 주십시오. 당신들은 삼가서 마음에 악한 생각을 품지 마십시오. "빚을 면제하여 주는 해인 일곱째 해가 가까이 왔다"고 해서, 인색한 마음으로 가난한 동족을 냉대하며, 아무것도 꾸어 주지 않아서는 안 됩니다. 그가 당신들을 걸어 주님께 호소하면, 당신들이 죄인이 될 것입니다. 당신들은 반드시 그에게 꾸어 주고, 줄 때에는 아깝다는 생각을 하지 마십시오. 그러면 주 당신들의 하나님이 당신들이 하는 모든 일과 당신들이 손을 대는 모든 일에 복을 내려 주실 것입니다. "당신들은 반드시 손을 뻗어, 당신들의 땅에서 사는 가난하고 궁핍한 동족을 도와주십시오." 그렇다고 하여, 당신들이 사는 땅에서 가난한 사람이 없어지지는 않겠지만, 이것은 내가 당신들에게 내리는 명령입니다.
(신명기 15:7~11)

그러니까, 이 말씀을 올바른 맥락에서 읽으면, 예수님께서 우리에게 명령하신 것은 가난한 자들에게 손을 펼치고, 그들을 외면하거나 무관심하지 말라는 것이다. 이 말씀이 기록된 요한복음에서, 예수님은 사실 가난한 자들에게 관대해야 한다고 말씀하고 계신다. 실제로 요한복음 12장에서 이 말을 하실 때, 예수님은 탐욕스럽고 도둑이었던 제자 가룟 유다를 책망하고 계셨다. 유다는 예수님께 향유를 부은 한 여인을 멸시했지만, 예수님은 오히려 그녀의 행위를 인정하고, 그녀를 비난하는 유다를 꾸짖으셨다.

> 그 때에 마리아가 매우 값진 순 나드 향유 한 근을 가져다가 예수의 발에 붓고, 자기 머리털로 그 발을 닦았다. 온 집 안에 향유 냄새가 가득 찼다.
> 예수의 제자 가운데 하나이며 장차 예수를 넘겨줄 가룟 유다가 말

하였다. "이 향유를 삼백 데나리온에 팔아서 가난한 사람들에게 주지 않고, 왜 이렇게 낭비하는가?" (그가 이렇게 말한 것은, 가난한 사람을 생각해서가 아니다. 그는 도둑이어서 돈자루를 맡아 가지고 있으면서, 거기에 든 것을 훔쳐내곤 하였기 때문이다.)
예수께서 말씀하셨다. "그대로 두어라. 그는 나의 장사 날에 쓰려고 간직한 것을 쓴 것이다. 가난한 사람들은 언제나 너희와 함께 있지만, 나는 언제나 너희와 함께 있는 것이 아니다."
(요한복음 12:3~8)

무더진 이들을 위한 복된 소식

나는 처음으로 복음의 메시지에 진지하게 귀 기울였던 순간을 기억한다. 나는 어릴 때부터 교회를 다녔다. 하지만 대부분의 아이들이 그렇듯, 나 또한 신앙을 나만의 것으로 받아들이지 않았다. 그러다 20대가 되어서야 비로소 신앙을 진정한 내 것으로 만들기 시작했다. 내가 삶을 망치는 길로 내리 걷고 있었던 그때, 복음의 기쁜 소식이 내 삶을 완전히 바꿔 놓았다. 내가 가장 충격을 받았던 것은, 복음이 결핍을 기반으로 한다는 사실이었다. 하나님께 나아갈 수 없는 결핍. 우리는 영적으로 빈곤하여 누군가 그 빚을 대신 갚아줄 사람이 필요한데, 예수님이 그 빚을 대신 짊어지셨다.

나는 빈곤을 항상 접근할 수 없는 것이라 정의해 왔다. 그렇다면 그리스도인으로서, 우리는 절실히 필요했던 것에 접근할 수 있게 된 것이 얼마나 큰 은혜인지 깨달아야 하지 않을까? 만약 복음이 우리에게 주어진 접근할 수 있는 권리라면, 왜 우리는 가난한 자들을 돌보는 책임을 그렇게 주저하는 것일까?

앞서 언급했듯이, 사도 바울은 예수님께서 가난하게 되심으로써 우리가 하나님과의 관계 속에서 영적 부요함을 얻을 수 있게 되었다고 기록했다. 예수님은 모든 것을 포기하셨다. 데이비드 존스(David Jones)는 이렇게 말한다. "예수님께서 인간의 몸을 입고 이 죄 많은 세상과 그 더러움 속에 거하시려면, 천국의 모든 부요함을 내려놓으셔야 했다."[2] 예수님은 "오히려 자기를 비워서 종의 모습을 취하시고, 사람과 같이 되셨습니다. 그는 사람의 모양으로 나타나셔서, 자기를 낮추시고, 죽기까지 순종하셨으니, 곧 십자가에 죽기까지 하셨습니다."(빌립보서 2:7~8)

우리가 복음을 실천하는 삶을 가로막는 가장 큰 장애물 중 하나는 정통 신앙(Orthodoxy)과 정통 실천(Orthopraxy)의 분리이다. 정통 신앙은 우리가 하나님을 올바르게 이해하는 것에 초점을 맞춘다. 반면, 정통 실천은 우리가 믿는 교리를 실제로 어떻게 실천하는지에 초점을 둔다.

우리의 믿는 바를 사람들에게 보여줄 수 있는 최선의 방법은 우리의 신앙(Orthodoxy)을 우리의 삶으로 드러내는 것(Orthoparxy)이다.

우리 시대의 탐욕

접근할 수 없는 결핍의 반대는 풍요를 추구하는 것이다. 풍요를 추구하는 것은 다르게 말하면 탐욕이다. 탐욕에 대해 이야기하는 것은 쉽지 않다. 탐욕이라는 단어는 크고 거칠며, 대부분의 사람들은 자신이 탐욕스럽다고 인정하지 않는다. 우리 중 대부분은 스스로 탐욕과 싸우고 있다는 사실조차 알지 못한다.

많은 것들이 우리의 탐욕과 삶에서 최대한 많은 것을 얻고자 하는 욕망을 겨냥해 마케팅된다. 이것을 사면 더 멀리 나아갈 수 있다. 저것을 구매하면 성공할 것이다. 여기에서 살아라. 저기에서 쇼핑하라. 매디슨 애비뉴(Madison Avenue)는 우리가 다른 사람을 고려하지 않고 모든 것을 최대한 축적해도 괜찮다고 말한다. 탐욕은 우리가 직면한 내면의 빈곤에 수많은 방식으로 영향을 미쳐왔다.

헨리 J. M. 나우웬(Henri J. M. Nouwen)은 잘 알려진 사제이자 작가이며, 생애 마지막 순간을 장애가 있는 사람들을 목회하며 보냈다. 그는 우리 모두가 어떤 방식으로든 빈곤을 경험하고 있다는 사실을 깨달았다. 그러나 우리가 자신을 내어주는 삶을 선택할 때, 그 빈곤 속에서도 축복이 있음을 발견하게 된다. 나우웬은 영혼의 양식Bread for the Journey에서 이렇게 말한다.

> 주변 모든 사람이 부자가 되기를 원하는 세상에서, 우리는 어떻게 빈곤을 하나님께 나아가는 길로 받아들일 수 있을까? 빈곤에는 다양한 형태가 있다. 우리는 자신에게 이렇게 물어야 한다. "나의 빈곤은 무엇인가?" 돈이 부족한가? 감정적인 안정이 부족한가? 사랑하는 배우자가 없는가? 안정감이 부족한가? 안전이 보장되지 않는가? 자신감이 부족한가? 모든 인간은 각자의 빈곤을 지닌다. 그곳이 바로 하나님께서 거하시고자 하는 자리이다! 예수님께서는 말씀하셨다. "복되도다, 가난한 자들이여!"(마태복음 5:3) 이는 곧, 우리의 축복이 바로 우리의 빈곤 속에 숨겨져 있다는 뜻이다. 그러나 우리는 자신의 빈곤을 감추고 외면하려는 경향이 크다. 그렇기 때문에, 그 속에 거하시는 하나님을 발견할 기회를 종종 놓쳐버린다. 우리의 빈곤이야말로 '보물이 숨겨진 땅'임을 과감히 인정하고 바라보자![3]

만약 우리가 내면의 빈곤을 피해야 할 것이 아니라, 오히려 하나님께서 우리를 만나고자 하시는 자리로 바라본다면 어떨까? 그렇다면 이 관점을 통해, 우리처럼 어떤 방식으로든 빈곤을 겪고 있는 다른 사람들을 더욱 사랑할 수 있을 것이다. 그러나 그 전에 먼저, 우리는 우리 내면의 공허함을 만들어내고 있는 탐욕을 내려놓아야 한다.

아담과 하와가 에덴동산에 있을 때, 뱀은 그들을 유혹하여, 더 많은 것을 알 수 있고 더 높은 존재가 될 수 있다는 확신을 갖게 했다. 그들은 더 많은 것을 알게 될 수 있고, 더 나아질 수 있다고. 단지 그 열매를 먹기만 하면. 이것은 오늘날 너와 나를 괴롭히는 유혹과 같다. 나도 하나님의 일부를 포기하고, 대신 조금 더 보암직한 무언가를 얻으려 할 수도 있을까?

우리는 소유물을 수집하며 잘못된 소속감을 만들어 낸다. 이웃보다 더 많은 것을 가지고 있다면, 우리가 더 중요한 사람이 된 것 같고, 더 소속감을 느끼는 것 같다. 그러나 탐욕은 우리 안의 깊은 공허함을 지속시키고, 인정받고자 하는 갈망을 키우며, 자신의 가치를 찾으려는 절박함을 부추긴다. 우리가 하나님을 추구하는 것보다 더 많은 것을 추구하는 데 의미를 두기 시작하면, 결국 우리의 영혼을 스스로 해치게 된다. 탐욕은 우리를 자기 자신만 돌보도록 가르친다. 결국, 우리 곁에 있는 도움이 필요한 사람들을 보지 못하게 만든다. 탐욕은 심지어 우리에게 창조주보다 창조된 것을 추구하도록 부추긴다.

사람들이 모든 것을 추구하면서도 정작 우리를 창조하신 하나님만은 찾지 않는다는 것이 웃기지 않은가?

이 탐욕은 우리 사회 깊숙이 뿌리내리고 있다. 애틀랜타의 노숙인 쉼터 바로 뒤편 건물들이 30만 달러짜리 상층부를 짓기 위해 매각된 이유도 이 때문이다.[4]

의료 산업과 교도소 시스템이 이윤을 위한 사업이 되어버린 이유도 마찬가지다. 우리는 사람을 이윤으로 교환하는 경제 속에 살고 있다. 이 시스템은 학교, 교회, 그리고 가정까지 스며든다. 그렇기에 동네는 젠트리피케이션으로 무너지고, 사람들은 자신이 속했던 공동체에서 밀려난다.

우리에게 탐욕이란, 새 모델이 나올 때마다 휴대폰을 바꾸고, 비싼 차를 타고, 더 큰 집을 사는 것과 같은 모습으로 나타난다. 나 또한 이런 행동을 한 적이 있다. 우리는 새로운 무언가를 얻을 때, 잠시나마 짜릿한 기쁨을 느낀다. 그 순간, 우리는 진정으로 가치 있는 것들을 잊어버린다. 내가 보기엔, 자본주의적 탐욕이 우리를 인간애라는 기본 원칙에서 멀어지게 만든 것이 분명하다. 이제 사람이 아니라, 더 많은 물건이 삶의 초점이 되어버렸다.

　　예수님께서는 우리에게 탐욕에 어떻게 대응해야 하는지에 대한 이야기를 주셨다. 누가복음에서, 그분은 어리석은 부자의 비유를 들려주셨다.

> 그리고 사람들에게 말씀하셨다. "너희는 조심하여, 온갖 탐욕을 멀리하여라. 재산이 차고 넘치더라도, 사람의 생명은 거기에 달려 있지 않다."
> 그리고 그들에게 비유를 하나 말씀하셨다. "어떤 부자가 밭에서 많은 소출을 거두었다. 그래서 그는 속으로 '내 소출을 쌓아둘 곳이 없으니, 어떻게 할까?' 하고 궁리하였다.
> 그는 혼자 말하였다. '이렇게 해야겠다. 내 곳간을 헐고서 더 크게 짓고, 내 곡식과 물건들을 다 거기에다가 쌓아 두겠다. 그리고 내 영혼에게 말하겠다. 영혼아, 여러 해 동안 쓸 많은 물건을 쌓아 두었으니, 너는 마음놓고, 먹고 마시고 즐겨라.'
> 그러나 하나님께서 말씀하셨다. '어리석은 사람아, 오늘밤에 네 영혼을 네게서 도로 찾을 것이다. 그러면 네가 장만한 것들이 누구의 것이 되겠느냐?'
> 자기를 위해서는 재물을 쌓아 두면서도, 하나님께 대하여는 부요하지 못한 사람은 이와 같다."
> (누가복음 12:15~21)

이 질문을 다른 방식으로 표현하면 이렇게 들릴 것이다. "만약 내일 죽는다면, 평생 동안 내가 노력해온 것은 무엇인가? 그 모든 것이 사라져버리는가? 나는 정말로 무엇을 위해서 살아온 것일까?"

　　이것은 정신이 번쩍 들게 하는 질문이지만, 매우 중요한 질문이다. 우리는 자신이 죽은 후 자신의 모든 소유물이 어떻게 될지 진지하게 생각해보는 일이 거의 없다. 탐욕과 싸우는 첫걸음은, 우리 주변에 있는 사람들에 대한 책임을 인식하는 것에서 시작된다.

당신은 생각하는 것보다 더 할 수 있다

몇 달 전, 나는 안드레아(Andrea)와 이야기를 나누었다. 그녀는 아틀란타에서 우리가 하고 있는 일에 참여하고 싶어 했다. 그러나 그녀는 이렇게 말하며 대화를 시작했다. "도움을 주고 싶어요. 하지만 제가 할 수 있을지 모르겠어요. 지금 여유로운 돈이 별로 없어요. 생활비를 충당하는 것도 빠듯한데, 제가 할 수 있는 일이 있을까요?"

부유한 사람들이 우리 사역에 큰 재정적 기부를 하는 경우는 거의 없다. 물론, 그러한 기부는 SNS에서 보기에는 멋져 보일 수도 있다. 하지만, 몇몇 사람이 큰돈을 기부하는 것만으로 진정한 변화가 이루어지는 경우는 드물다. 우리가 만들어가는 변화는 사회적 변화이다. 우리는 함께 모여, 각자의 능력을 나누며, 모든 사람이 기회와 접근성을 가질 수 있도록 돕는다.

우리가 안드레아를 더 알아갈수록, 그녀가 리서치에 능숙하다는 것을 알게 되었다. 그 무렵, 우리는 브라이언(Brian)을 돕고 있었다. 그가 10년간의 노숙 생활에서 벗어나 안정적인 삶으로 전환할 수 있도록 지원하는 중이었다. 브라이언의 이야기는 우리 모두가 공감할 만한 이야기였다. 그는 대공황(Great Recession) 시기에 직장을 잃었고, 그 일로 인해 아내가 그를 떠났으며, 그는 고통을 잊기 위해 술에 의존하기 시작했다. 결국, 그는 길거리에서 생활하게 되었다.

어느 날, 우리는 브라이언이 쓰레기통을 뒤지며 음식을 찾고 있는 모습을 발견했다. 그 후, 몇 달 동안 함께 일하면서 브라이언이 안드레아를 만나게 되었다. 안드레아는 여전히 어떻게 도움을 줄 수 있을지 확신하지 못했다. 그러나 그녀와 브라이언은 한동안 이야기를 나누었고, 그녀는 브라이언의 이야기를 들으면 들을수록 그와 그의 가족에 대한 더 많은 질문을 던지기 시작했다. 안드레아는 자신의 리서치 능력을 활용하여 그가 연락이 끊긴 가족을 찾아 주는 일을 돕기로 했다. 몇 주 동안 조사하고 연락을 시도한 끝에, 그녀는 브라이언이 30년 넘게 소식을 끊었던 가족과 딸을 다시 만나게 해 주었다.

이것이 바로 우리가 당신을 필요로 하는 이유이다. 이것이 바로 우리가 모든 사람을 필요로 하는 이유이다.

어떤 사람들은 서류 작업을 좋아하고, 어떤 사람들은 건축을 잘하며, 어떤 사람들은 디자인하고 꾸미는 일을 잘한다. 더 많은 사람들이 자신의 재능을 사용하여 참여할수록, 변화를 만들어낼 수 있는 더 강력한 팀이 형성된다.

사도 바울이 그리스도의 몸에 대해 쓸 때(고린도전서 12:12-27), 나는 그가 이러한 그림을 떠올렸을 것이라 생각한다. 눈은 손이 필요하고, 머리는 발이 필요하다. 하나님께서는 그리스도의 몸에게 각기 다른 은사를 주셨다. 우리는 함께 협력하여 예수님을 닮아가는 일을 해야 한다. 그리스도의 몸이 온전히 기능할 때, 하나님께서 영광을 받으시고, 세상은 변화된다.

우리가 가진 영향력

마지막으로 한 가지 이야기를 더 나누고 싶다.

지난주, 나는 아들을 데리고 이발소에 갔다. 이것은 아버지와 아들 사이의 소중한 전통 중 하나이며, 언젠가 내 아들이 자기의 아들과도 이 전통을 이어가길 바란다. 그동안 아내와 딸은 근처 쇼핑몰에 있는 메이시스(Macy's)로 걸어갔다. 이발을 마친 후, 아들과 나는 차로 걸어가 아내와 딸이 돌아오기를 기다리기로 했다. 그때, 주차장에서 한 남자와 그의 두 아이가 보였다. 그들은 길가에 앉아 있었고, 나는 그들이 거기서 무엇을 하고 있는지 궁금해졌다. 나는 그 남자의 사연을 전혀 알지 못했지만, 그와 그의 아이들이 주차장에 앉아 있는 그 장면이 계속해서 내 머릿속을 떠나지 않았다. 나는 그가 누구인지, 무엇 때문에 여기까지 오게 되었는지, 그는 나와 같은 기회를 가질 수 있었을지 궁금해졌다.

지금의 내가 될 수 있었던 것은 내 삶 속에서 나를 이끌어 준 관계들 덕분이었다. 나는 편부모 가정에서 자랐다. 엄마, 누나, 그리고 나. 어머니는 우리를 부양하기 위해 여러 개의 일을 하셨다. 그런 환경 속에서, 나는 빈곤과 씨름해야 했고, 아버지의 부재는 내 정체성에 대한 고민을 깊게 만들었다. 나는 품성과 정직을 가진 남자가 된다는 것이 무엇을 의미하는지조차 알지 못했다. 10대 시절, 나는 많은 상황을 겪으며 아버지 없이 성장하는 법을 스스로 배워야 했다. 나는 친구들과 함께 거리를 배회했고, 공원에서 살거나 자동차 트렁크에서 잠을 청하기도 했다. 지금 나를 보는 사람들 중 내가 한때 갱단에 가담했고, 몇 차례 구속된 적이 있다는 사실을 짐작할 수 있는 사람은 아마 거의 없을 것이다.

내가 내 삶을 바꾸기로 결심한 날, 나는 스무 살이었다. 그때 나는 차가운 금속 벤치에 앉아 있었고, 주변은 어두운 감옥의 독방이었다.

내 옆에 앉아 있던 나이 든 남성이 나를 바라보며 말했다. "왜 자네의 인생을 이렇게 낭비하고 있나?"

그의 말을 내 마음 깊은 곳의 무언가가 듣고 있는 것 같았고, 진심으로 그의 말이 들렸다. 내 안에는 분명한 가능성이 있었다. 형태는 없었지만, 반드시 무언가 해야만 하는 가능성. 그리고 그 가능성은 주차장 길가에 앉아 있던 그 남자에게서도 보였다.

어머니가 나를 감옥에서 데리러 오셨고, 모든 혐의는 기각되었다. 그날 이후, 내 삶은 완전히 달라졌다. 그 후 나는 수백 명의 사람들을 만났다. 그들은 나에게 영향을 주었고, 나를 지금의 나로 성장하게 했다. 만약 그런 관계들과 보여진 경험들이 없었다면, 나는 지금 이 자리에 있지 못했을 것이다.

우리는 때때로 보여지는 것이 한 사람의 삶을 얼마나 완전히 바꿀 수 있는지를 보지 못한다. 나는 수많은 CEO와 변호사들과 같은 자리에서 이야기했고, 수천 명 앞에서 연설하기도 했다. 하지만 나는 종종 생각한다. 주차장에 있던 그 남자는 내가 만났던 사람들을 만날 기회를 가질 수 있을까? 그렇다면, 내가 누구이기에 내 기회와 영향력, 그리고 인맥을 쌓아두고, 자신을 자수성가한 사람이라 자랑할 수 있겠는가?

자수성가한 사람이라는 것은 존재하지 않는다. 우리는 모두 환경, 인맥, 그리고 기회에 대한 접근의 결과물일 뿐이다. 책임은 우리 모두에게 있다. 어느 한 개인도, 어느 한 단체도, 어느 한 교회도 이 문제에 대한 유일한 정답을 가지고 있지 않다. 이것은 마치 퍼즐을 맞추려 하는데, 일부 조각들이 테이블 아래 숨겨져 있는 것과 같다. 그 조각들은 자신이 더 큰 그림의 일부라는 사실을 인지하지 못하고 있다.

주차장에 앉아 있는 그 남자가 기회에 접근할 수 없다면, 그의 아이들은 과연 기회를 가질 수 있을까? 어쩌면 운이 좋다면 가능할지도 모른다. 그러나 그것은 확실한 기회가 아니다. 그렇다면, 내 아이들은 단지 그들의 아버지가 기회를 얻었기 때문에 더 많은 기회를 누릴 자격이 있는가? 그 남자의 아이들은 덜 누릴 자격이 있는 걸까?

이것은 가난을 목표로 삼자는 이야기가 아니다. 이것은 우리가 가진 자원과 기술, 그리고 기회를 단순한 소유물이 아닌, 함께 삶을 풍요롭게 만드는 도구로 활용하는 것이다. 이는 우리의 마음과 생각을 바꾸는 것이다. 우리가 가진 눈에 보이는 것뿐만 아니라, 우리에게 주어진 모든 자원에 대한 책임을 인식하는 것. 우리는 탐욕에 맞서 싸우고, 서로를 위해 싸우기 위해 함께 일하는 것, 이것이 바로 하나님 나라의 조금이나마 보여주는 것이다.

그렇다면, 이것이 당신에게는 어떤 의미인가? 당신의 삶을 변화시킨 기회들은 누군가의 희생과 돌봄 덕분이 아니었는가? 당신도 이제, 다른 사람을 부담이 아니라, 기회의 대상으로 볼 수 있는 사람이 될 수 있지 않을까?

제 5 장
선입견 내려놓기

한 달에 한 번, 나는 자원봉사자들과 함께 도심으로 나가 생계를 이어가기 힘든 지역사회를 섬기고, 그들과 교류한다. 이 자원봉사자들은 다양한 지역 교회에서 오거나, SNS를 통해 우리의 활동을 보고 참여하게 된 사람들이다. 그들은 서로 다른 배경을 가진 다양한 사람들이다. 우리는 이 봉사 활동을 *Gather Atlanta*라고 부른다. 모든 계층과 삶의 배경을 가진 사람들이 함께 모여, 사회에서 소외된 이들을 섬기는 자리이기 때문이다. 우리는 봉사가 서로 다른 인종과 배경을 가진 사람들을 연결할 수 있다는 사실을 배웠다. 그리고 이것이 하나님을 기쁘시게 하는 일임을 깨달았다. 몇 년 전, 아내와 나는 사람들을 직접 거리로 데리고 나가, 하나님의 사랑을 교회의 네 벽을 넘어 전할 기회를 만들기로 했다. 교회 안에 머물러 있으면, 쉽게 '내부 중심적'이 되어버리고, 교회 밖에서 어떤 일이 일어나고 있는지를 잊기 쉽다. 특히, '섬김'을 우선순위로 두지 않는 공동체라면 더욱 그렇다.

하지만, 우리도 모든 자원봉사자가 적절한 교육을 받을 수 있도록 준비하는 것이 때때로 어렵다는 것을 잘 알고 있다. 그러나 우리는 가능한 한 모든 사람을 섬기고 싶다.

어느 날 아침, 우리는 몇몇 봉사자들과 함께 테이블을 세우고, 필요한 물품들을 준비하고 있었다. 그때, 자원봉사자 중 한 명인 안나

(Anna)가 자신이 가져온 음식을 나누어 줄 준비를 하고 있었다. 그녀는 간단하고 나눠주기 쉬운 음식처럼 보이는 햄과 치즈 샌드위치를 꺼냈다.

사람들이 테이블 옆에 모이기 시작했고, 우리는 음식, 물, 위생 키트 등을 나누어 주기 시작했다. 그때, 한 노신사가 샌드위치를 들고 있던 여성에게 다가와 물었다. "이 샌드위치에는 어떤 고기가 들어 있습니까?"

"햄과 치즈가 들어 있어요. 왜요? 그냥 가져가세요." 안나는 다소 가볍게, 하지만 깔보는 듯한 말투로 대답했다.

"아, 그렇군요. 하지만 괜찮습니다. 오늘은 사양할게요." 노신사가 답했다.

"뭐라고요? 방금 뭐라고 하셨어요?" 안나는 믿을 수 없다는 듯한 표정을 지으며, 분명한 분노를 드러냈다. "이렇게 감사할 줄 모르는 사람이 있다니, 정말 말도 안 돼요!"

나는 이 상황을 지켜보다가, 샌드위치를 거절한 노신사에게 다가가 그가 음식을 원하지 않는 이유를 직접 들어보기로 했다. 잠시 대화를 나눈 후, 나는 그가 당뇨병을 앓고 있으며, 최근 채식주의자가 되기로 결심했다는 사실을 알게 되었다.

그는 말했다. "우리 가족은 건강 문제가 많아요. 그리고 길거리 생활을 하면서 싸고 건강하지 않은 음식들에 익숙해졌죠." 하지만 그는 이제 건강을 회복해서 더 나은 삶을 살고 싶다고 했다.

우리는 안나처럼 행동하는 경우가 많다. 우리의 무지가 우리의 반응을 결정하게 둔다. 우리는 때때로 알지 못하는 것이 상대에게 어떤 영향을 미치는지 고려하지 않는다. *무지(Ignorance)*라는 단어는 부정적인 의미를 지니고 있다. *어리석거나, 편협한 사고*를 뜻하는 말로 종종 사용된다.

하지만 내가 본 바로는, 무지는 단순한 지식 부족이 아니다. 무지는 타인의 감정을 이해하거나 공감할 수 없는 상태이다. 그리고 중요한 것은, 우리가 무지함을 마주했을 때 어떤 반응을 보이는가에 따라 모든 것이 달라진다는 점이다. 대부분의 사람들이 빠지는 함정은 이렇다. 자신이 보는 세상이 곧 유일한 현실이라고 믿는 것이다. 자신이 경험한 것이 유일한 진실이라고 착각하는 것이다.

무지는 어디에서 오는가?

우리 대부분은 명절에 지키는 전통을 가지고 있다. 가족끼리 맞춰 입는 잠옷, 크리스마스트리, 도자기로 만든 구유 장식, 초콜릿이 숨겨진 대강절 캘린더 등. 우리 가족은 섬김을 전통으로 삼기로 했다. 우리가 직접 봉사할 자리를 찾거나, 새로운 봉사 기회를 만드는 것이 대림절 동안 우리 가족의 핵심 가치가 되었다.

아내와 나는 아이들을 갖기 몇 해 전부터 이런 전통을 세우기로 결심했다. 선물을 열기 전에, 우리가 누군가에게 *선물이 되는 것*을 최우선으로 하기로 했다. 우리 아이들이 태어나기도 전부터, 매년 이 전통을 지켜오며 그들에게 올바른 방향을 보여주기로 했다.

지난 14년 동안, 우리는 길에서 생활하는 사람들을 돕기 위해 여러 사람들과 함께 봉사 활동을 해왔다. 뜨거운 국을 나누어 주거나, 가족도 없이 노숙 생활을 하는 사람들과 그저 앉아 대화를 나누는 것, 추운 겨울을 견디는 이들에게 담요를 건네는 것 등. 이제는 우리 아이들도 함께 이 활동에 참여한다.

물론, 이러한 실천이 늘 쉬운 것은 아니었다. 소비주의는 크리스마스를 자신을 위한 날로 여기게 만들었고, 새로운 기기를 사는 것이 당연한 것처럼 여겨졌다. 그러나, 아내와 나는 흔들리지 않았다. 우리는 아이들에게 어릴 때부터 나누는 것이 더 가치 있으며, 다른 이들에게 실질적인 축복이 되는 삶이 더 위대하다는 것을 가르치기로 결심했다.

그래서 매년 크리스마스 아침, 우리는 일찍 일어나, 이를 닦고, 옷을 입은 뒤, 도심으로 향한다. 그곳에서 추운 거리 위에 있는 사람들을 찾아가, 그들에게 따뜻한 물품을 건넨다. 우리 아이들이 이런 전통을 함께 실천하는 모습을 볼 때, 우리는 큰 기쁨을 느낀다. 이것이 하나님을 영화롭게 하는 일이라고 믿기 때문이다. 내가 가장 좋아하는 성경 구절 중 하나는 잠언 14장 31절에 있다. "궁핍한 자를 불쌍히 여기는 자는 여호와를 공경하는 자니라."

미국 노스이스턴 대학교(Northeastern University)의 연구에 따르면, 우리의 미래 행동 중 최대 93%가 과거의 행동을 기반으로 예측될 수 있다고 한다.[1] 우리는 전통과 관습을 따르며 살아간다. 그것이 우리를 더 안전하게 느끼게 하기 때문이다. 우리는 외로움과 고통을 피하려고 다른 사람들이 하는 대로 따라가기도 한다. 대부분의 경우, 우리가 하는 행동은 그저 예전부터 그렇게 해왔기 때문일 뿐이다. 이 자체가 반드시 나쁜 것은 아니다. 하지만, 그 행동이 선택권이 없는 사람들에게 부정적인 영향을 미친다면? 우리의 전통과 행동이 타인을 배제하거나 상처 입히는 결과를 만든다면? 그때, 우리의 무지가 문제로 작용하게 된다.

대부분의 무지는 우리가 믿어온 신념, 전해 내려온 편견, 역사적 배경 속에서 형성된 사고방식 등에서 기인한다. 그러나, 좋은 점도 있다. 우리가 자신에게 질문하기 시작하는 순간, 이 신념은 어디에서 왔을까? 하고 고민하기 시작할 때, 문제 해결의 절반은 이미 시작된 것이다.

그렇다면, 우리는 가난한 사람들에 대해 지금 어떻게 생각하고 있는가? 우리는 가난한 사람들을 게으르다고 생각하지 않는가? 교육을 받지 못했다, 위험하다, 문제가 있다는 식으로 생각하지는 않는가? 그들이 성품이 부족하다거나, 그들의 가난은 자신이 불러온 일이다 라고 판단하고 있지는 않은가? 이런 인식들은 뉴스에서, 우리가 존경하는 사람들의 발언에서, 그리고 우리의 세계관 속에서 드러나곤 한다. 데릭 톰슨(Derek Thompson)이 복지 제도가 사람들을 게으르게 만든다는 신화를 깨다(Welfare Makes People Lazy)라는 기사에서 이렇게 말했다. "이 개념은 너무나도 깊이 뿌리박혀 있어, 증거 없이도 쉽게 말해질 수 있는 수준이다."[2]

때때로 우리는 이렇게 생각한다. '나는 열심히 일하기 때문에 길거리에서 구걸하지 않아. 그렇다면, 저 사람들도 똑같이 노력해야 하는 것 아닌가?' (하지만 현실은 그렇게 단순하지 않다. 대부분의 경우, 구조적 불평등이라는 보이지 않는 장벽이 작용하고 있다.)

혹시 노숙인들이 추운 겨울을 버티기 위해 기부받은 옷을 장작처럼 태우기도 한다는 사실을 알고 있는가? 그리고 현재 가장 빠르게 증가하는 노숙인 인구는 아이를 둔 가족이라는 사실도 아는가?[3]

나는 이 문제에 대해 수없이 많은 질문을 던질 수도 있다. 더 많은 정보를 찾고, 모든 세부 사항을 분석하며 고민할 수도 있다. 그러나 결국 나는(그리고 우리는) 우리 믿음의 핵심으로 돌아와 질문해야 한다. 하나님께서는 가난한 사람들을 어떻게 바라보시는가? 나는 그 기준에 맞추어 살아가고 있는가?

보시는 하나님

그렇다면, 하나님은 가난한 자들을 어떻게 보실까? 창세기에서, 하갈은 소외된 자였으며, 가난한 이집트 출신의 종이었다. 그녀는 절망 속에서 하나님께 부르짖었다. 그녀가 도망치고 있을 때, 하나님의 천사가 그녀에게 나타나 어디로 가고 있는지 물었다. 그녀는 자신의 가장 어두운 순간에 하나님께서 자신을 보셨다는 것을 경험했다. 그리고, 그녀는 하나님께 이렇게 고백했다. "나를 말씀으로 이끄신 하나님께 내가 이름을 지어드리겠습니다. 주님은 '나를 보시는 하나님'이십니다."(창세기 16:13)

하나님께서는 하갈을 보심으로써 그녀의 존엄을 회복시키셨다. 그녀가 어디에 있는지, 그녀가 어디로 가는지, 그녀가 왜 두려워하는지를 아시고, 그녀를 더 큰 정체성으로 부르셨다. 하나님은 처음부터 우리에게 이렇게 말씀하셨다. "내가 너를 보고 있다(I See You)." 그분은 우리의 가장 어두운 순간에도 우리를 보신다. 그분은 거리에서 소외된 가난한 자들을 보신다. 그렇다면, 보시는 하나님을 따르는 우리는 어떤 사람이 되어야 하는가? 우리 역시 보는 사람이 되어야 한다. 우리는 다른 사람들에게 이렇게 말하며 행동해야 한다. "내가 당신을 보고 있습니다(I See You)."

성경에는 가난과 정의에 대한 말씀이 2,000번 이상 등장한다. 다음은 그 중 일부이다.

주님은 억울한 자들이 피할 요새이시며, 고난받을 때에 피신할 견고한 성이십니다.(시편 9:9)

예수께서 눈을 들어 제자들을 보시고 말씀하셨다. 너희 가난한 사람들은 복이 있다. 하나님의 나라가 너희의 것이다. 너희 지금 굶주리는 사람들은 복이 있다. 너희가 배부르게 될 것이다. 너희 지금 슬피 우는 사람들은 복이 있다. 너희가 웃게 될 것이다.
(누가복음 6:20~21)

아무도 자기의 유익을 추구하지 말고, 남의 유익을 추구하십시오.(고린도전서 10:24)

성도들이 쓸 것을 공급하고, 손님 대접하기를 힘쓰십시오.
(로마서 12:13)

어떤 형제나 자매가 헐벗고, 그 날 먹을 것조차 없는데, 여러분 가운데서 누가 그들에게 말하기를 "평안히 가서, 몸을 따뜻하게 하고, 배부르게 먹으십시오" 하면서, 말만 하고 몸에 필요한 것들을 주지 않는다고 하면, 무슨 소용이 있겠습니까?
(야고보서 2:15~16)

예수님은 언제나 우리에게 희생할 것을 요구하신다.

예수님은 가난하고 소외된 자들을 돌보라고 끊임없이 말씀하셨다. 그러나 우리는 이를 너무 복잡하게 만들고, 특정한 봉사의 날을 정하거나, 가난한 사람들이 그 처지에 놓이게 된 이유를 분석하려 한다. 그러나, 우리가 가난한 자들을 외면할 때, 우리는 복음의 본질을 놓치고 있는 것이다. 우리는 완전히 핵심을 잃어버리고 있다. 우리는 잘못된 것에 초점을 맞추고 있다. 억압받고 소외된 자들을 사랑하는 것은 복음의 핵심이다.

나는 버지니아에 사는 친구 브렌튼(Brenton) 목사에게 가난한 자들에 대한 자신의 시각은 어떻게 변화되었는지 물었다. 그는 가난한 이들에 대해 한 번도 이야기하지 않는 교회에서 성장하는 것이 어떤 모습인지에 대해 통찰력 있는 생각을 들려주었다.

그는 이렇게 설명했다. "우리는 교회에서 한 번도 이런 가르침을 받은 적이 없었어. 우리가 제자로 성장하는 과정은 도덕적인 기준을 달성하는 것에 초점이 맞춰져 있었지. 무엇을 마시면 안 되고, 누구와 시간을 보내면 안 되고, 어떤 TV 프로그램을 보면 안 되고, 성 윤리는 어떠해야 하는지. 이것이 교회의 가르침이었어."

그는 설명을 이어갔다. "하지만 우리는 사회적 윤리가 무엇인지 배우지는 못했어. 예수님께서 가난한 자들을 향한 윤리를 어떻게 말씀하셨는지 이해하지 못했지. 이것이 바로 보수적인 복음주의 교회에서 내가 자라온 환경이었어."

나는 그에게 자신의 변화 과정은 어떻게 보였는지 물었다. 그는 이렇게 말했다. "어느 한순간 완전히 바뀌는 것은 아니었어. 오히려, 그런 삶을 실제로 살아가는 공동체 안에 있는 경험이 변화의 시작이었지. 그리고 나는 '사회적 정의' 문제가 누구에게 영향을 미치는지 직접 만나 그들의 이야기를 듣게 되었어. 그제야, '나는 지금 하고 있는 일들을 왜 하고 있는가?'라는 어려운 질문을 자신에게 던지기 시작한 거야. 예수님께서는 언제나 이런 어려운 질문을 하셨지. 그분은 종교적으로 가장 '완벽해 보이는' 사람들에게도 그들이 본질을 놓치고 있다고 말씀하셨어."

이제, 우리도 같은 책임을 지고 있다. 우리는 더 이상 가난한 자들의 필요와 고통에 대해 모른다고 변명할 수 없다. 우리는 가난한 자들을 돌보는 것이 얼마나 중요한지 더 이상 외면할 수 없다. 가난한 자들을 돌보는 것은 복음 그 자체이다. 예수님께서 이 땅에 오신 이유와도 평행을 이룬다. 우리가 스스로 해결할 수 없는 것을 예수님께서 해결하러 오신 것처럼 말이다.

만약 우리가 하나님께서 우리에게 베푸신 자비를 제대로 이해하지 못한다면, 그 자비가 우리의 삶을 변화시키지 않는다면, 우리는 복음의 핵심을 놓치고 있는 것이다. 우리는 외적인 거룩함만을 좇고 있다. 정작, 예수님께서 보여주신 사랑의 실천은 외면하면서. 우리 자신을 거룩한 영웅으로 여기며, 자신의 헌신과 희생을 자랑스러워하지만, 그것이 본질을 놓친 것이라면, 그 헌신은 무엇을 위한 것일까?

무지에서 공감으로

어느 날, 한 율법교사가 예수님께 어떻게 해야 하나님의 나라를 상속받을 수 있는지 물었다. 예수님께서는 선한 사마리아인의 비유로 대답하셨다. 이 이야기는 가난한 자들에 대한 우리의 책임과 관련이 있지만, 우리의 무지와도 깊이 연결되어 있다. 어떤 사람이 여리고로 가는 길을 걷고 있었다. 그는 강도를 만나, 심하게 맞고, 가진 것을 빼앗긴 채, 길가에 쓰러져 방치되었다. 먼저, 한 제사장이 지나갔다. 그는 그 부상자를 보고도 길을 건너가 외면했다. 다음으로, 한 레위인(또 다른 종교 지도자)이 지나갔다. 그 역시 그를 피해서 지나가 버렸다. 마지막으로, 한 사마리아인이 그 길을 지나가다가 쓰러진 여행자를 보게 되었다. 그러나 그는 멈춰서서, 그 사람을 돌보고, 가까운 마을로 데려가 치료비까지 냈다.

예수님께서는 왜 이 이야기를 하셨을까? 이 비유가 의미하는 바는 무엇일까? 나는 이 본문을 여러 번 연구하면서, 사마리아인에 대해 한 가지 깨달음을 얻었다. 당시 유대인들은 사마리아인들을 혐오했다. 일부 지역에서는 사마리아인들이 심하게 차별받고 억압당하기도 했다. 그렇다면, 이 사마리아인의 마음속에는 어떤 생각이 있었을까? 그는 단순히 지나가던 고결한 사람이었을까?

사마리아인들이 당시에 어떤 대우를 받았는지 더 깊이 연구할수록, 나는 중요한 사실을 깨닫게 되었다. 그는 아마도 맞고, 버려지는 것이 어떤 기분인지 알고 있었을 것이다. 그는 혐오 받고, 무시당하고, 자신의 가치를 부정당하는 경험을 했을 것이다. 우리가 직접 경험한 것은 우리의 시선과 반응을 바꾼다. 세상을 이해하는 방식 자체가 달라진다. 그 과정에서, 공감이 싹트게 된다. 공감은 우리를 변화시키는 힘을 가지고 있다. 진정한 변화는, 우리가 자신의 편견을 인정하고, 우리와 다르게 살아가는 사람들을 이해할 때 시작된다.

나는 노숙인으로 살아보았을 때, 이런 경험을 했었다. 내가 어릴 때, 우리 가족(어머니가 먹여 살리셨던)은 집을 여러 번 옮겨 다녀야 했고, 경제적으로 큰 어려움을 겪었다. 하지만, 우리는 완전한 노숙 생활을 장기간 한 적은 없었다.

그러나 성인이 된 후, 나는 의도적으로 노숙인이 되기로 결심했다. 내가 섬기고 있는 사람들이 직면한 현실을 직접 경험하기 위해서였다. 나는 노숙인들의 삶을 잘 알고 있다고 생각했다. 하지만, 실제로 다리 밑에서 추위에 떨며, 배고픔을 느끼면서, 스스로 저녁을 사 먹을 수 없다는 수치심을 느끼는 경험은 내가 알던 것과는 전혀 다른 세계였다. 그 감정, 그 생각, 그 의심과 두려움은 내가 상상했던 것보다 훨씬 강렬했고, 훨씬 더 괴롭고 무서운 것이었다. 나는 그것을 완벽히 설명할 수조차 없다.

그러나, 그 순간들과 그 이후의 경험들은 내가 진정한 공감과 이해하는 법을 배울 수 있는 결정적인 계기가 되었다. 나는 안다고 생각했던 사람들에 대해, 진짜로 알게 되었다. 예수님께서 이 땅에 오신 이유도 같았다. 그분은 우리와 함께 삶을 경험하기 위해 오셨다. 우리에게 나는 너를 이해한다고 알려주고 싶으셨다. 그분의 공감은 멀리서 바라보는 것이 아니라, 우리의 혼란 한가운데서 함께하시는 것이었다.

무지와의 싸움

안나와 햄샌드위치 이야기로 돌아가 보자. 나는 샌드위치를 거절한 남성과 대화한 후, 그가 당뇨를 앓고 있으며, 더 건강한 삶을 살기 위해 노력하고 있다는 사실을 알게 되었다. 이후, 나는 안나와도 이야기를 나누었다. 나는 그녀에게 그 남성의 사연을 전했다. 그가 자신의 건강을 위해 필사적으로 변화하려 한다고 말했다.

그 말을 듣는 순간, 안나의 태도가 완전히 바뀌었다. 그녀는 깊이 감동받았고, 눈물을 흘렸다. 그녀가 그의 삶을 직접 마주했을 때, 그녀 안에서 무언가가 바뀌었다. 당신이 교차로에서 지나치는 노숙인도, 그저 스쳐 지나가는 한 사람이 아니다. 그들도 자신만의 이야기를 가지고 있다. 안나의 경험처럼, 우리는 이러한 만남을 경험한 순간, 더 이상 무지한 채로 머물러 있을 수 없게 된다. 그 순간부터, 변화할 책임을 지게 된다.

무지를 극복하는 첫 번째 단계는 열린 마음과 질문하는 자세이다. 그것은 단순히 음식을 기부하고, 샌드위치를 나누는 것 이상의 의미가 있다. 그것은 누군가의 이야기를 듣고, 그들의 삶과 연결되는 것이다. 그들의 삶에는 고통과 힘든 시간이 있지만, 사랑과 가족도 함께 존재한다. 우리가 열린 마음으로 다가간다면, 그들의 이야기 속에서 우리 자신의 모습을 발견할 수도 있다.

두 번째 단계는 직접 경험하는 것이다. 우리가 잘 모르는 것, 불확실하고 불편하게 느끼는 것에 직접 노출될 때 진정한 배움이 시작된다. 불확실함, 두려움, 혼란이 느껴질 때, 반응하기 전에 잠시 멈춰 서서, 그들의 이야기의 나머지 부분을 들어보라. 다른 사람들의 세계관을 받아들이면, 오히려 우리의 세계관이 더욱 단단해진다. 그 만남과 관계 속에서,

우리는 예수님이 사람들을 대하셨던 방식을 배울 수 있다.

어둠을 몰아내는 유일한 방법은 빛을 비추는 것이다. 나와 다른 사람들과 관계를 맺어라. 그들의 이야기, 고통, 그리고 그들의 삶에서 가장 아름다운 순간들을 배우게 될 것이다. 우리의 선입견으로 반응하는 대신, 이해하고자 하는 마음으로 다가가야 진정한 연결이 이루어진다.

존엄성 박물관

우리의 최신 프로젝트 중 하나는 길이 40피트짜리 컨테이너를 개조하여 애틀랜타 최초의 노숙과 빈곤을 주제로 한 박물관을 만드는 것이다. 현재까지 노숙인들의 현실에 대해 대중을 교육하는 공간은 없었다. 그들의 이야기를 공유할 수 있는 공간도 존재하지 않았다. 이 박물관은 기술을 활용하여, 방문자들이 노숙인들의 일상을 직접 체험할 수 있도록 할 것이다. 이를 통해 단순한 공감을 넘어서, 실제적인 행동으로 이어질 수 있도록 한다. 이 박물관의 목적을 고민할 때, 가장 먼저 떠오른 문장이 있었다.

> 현재 미국에서 100만 명 이상이 노숙 생활을 하고 있다. 그중 25%가 어린이다. 역사적으로, 노숙은 성격적 결함 혹은 도덕적 문제로 인식되어 왔다. 사람들은 노숙인들을 무시하고, 그들을 깔보았다. 그러나 대부분의 노숙인들은 다른 선택지를 가져본 적조차 없다. 노숙은 단순한 개인의 선택이 아니라, 구조적인 문제이며, 세대를 거쳐 이어지는 빈곤의 결과이며, 노숙인들에 대한 오랜 오해와 편견이 낳은 현실이다. 그들의 삶은 거리의 모퉁이에서, 다리 아래에서, 쉼터의 낡은 2층 침대 위에서 조용히 잊혀지고 있다.[4]

존엄성 박물관(Dignity Museum)은 잊혀진 사람들의 이야기를 전한다. 자원이 불공정하게 배분되는 현실을 알린다. 빈곤 속에서 태어난 사람들의 이야기, 어른이 되어서 노숙인이 된 사람들의 이야기, 신호등 앞에서 도와달라는 종이 팻말을 들고 서 있는 아이들의 이야기를 담아낸다. 그들이 환경을 극복하기 위해 싸워온 과정을 보여준다.

우리는 보여지고, 들려지고, 인정받는 것이 얼마나 중요한지 알고 있다. 누구나 자신의 노력과 성과가 인정받기를 원하고, 누구나 자신이 존중받을 가치가 있다고 느끼고 싶어 한다. 반대로, 차별받고, 무시당하고, 오해받고, 비난받으며 배제되는 것이 얼마나 고통스러운 경험인지도 잘 알고 있다. 부당한 대우를 받아도 아무것도 할 수 없을 때, 자신에게 중요한 공간에서 밀려날 때, 그보다 더 괴로운 일이 있을까?

우리는 모든 사람이 존엄성을 가질 자격이 있으며, 모든 사람의 이야기가 중요하다고 믿는다. 그래서 우리는 존엄 박물관을 통해 사회에서 소외된 사람들의 이야기를 들려주기로 결심했다.

이 박물관은 기존 건물에 고정된 것이 아니라, 이동형 컨테이너 형태로 제작되었다. 덕분에 도심 곳곳 또는 전국 어디든 이동하여 보다 많은 사람들에게 교육할 수 있다. 우리는 비슷한 비전을 가진 단체 및 기관들과 협력하여 이 박물관을 더 많은 장소로 가져갈 계획이다. 만약 이 살아있는 박물관을 학교나 기관에 초대하고 싶다면, 언제든지 우리에게 연락해 달라.

나는 우리가 어둠 속에 빛을 비출 힘을 가지고 있다는 사실을 절대 과소평가하지 않기를 바란다. 세상의 어둠을 밝히기 위해, 우리는 먼저 우리 안의 낯설고 불편한 어둠을 직면할 용기가 필요하다. 이 말씀을 기억하며 마무리하고 싶다.

> 누구든지 세상 재물을 가지고 있으면서, 자기 형제자매의 궁핍함을 보고도, 마음 문을 닫고 도와주지 않으면, 어떻게 하나님의 사랑이 그 사람 속에 머물겠습니까? 자녀 된 이 여러분, 우리는 말이나 혀로 사랑하지 말고, 행동과 진실함으로 사랑합시다.
>
> (요한일서 3:17~18)

제 6 장
다가가기

하나의 비극을 다 듣기도 전에 또 다른 비극이 일어나는 것 같다. 비무장한 흑인이 경찰의 총격을 당하는 사건, 가짜 지폐를 사용했다는 의심을 받고 체포된 노숙인가 결국 세 달간 수감되었으나 그 지폐가 실제로는 진짜였던 사건, 젠트리피케이션으로 인해 가난한 사람들이 삶의 터전을 잃는 현실까지—이 모든 문제들이 우리를 압도할 수도 있고, 우리가 이러한 지속적인 문제 해결에 기여하는 것은 불가능하다고 느끼게 할 수도 있다.[1]

이러한 이야기들을 접할 때마다 머릿속을 맴도는 질문이 있다. 이 일에 있어 나의 역할은 무엇인가? 나는 이 질문에 대해 친구 매트 히스(Matt Heath)와 자주 논의하곤 한다.

우리 둘은 모두 사회적 불평등과 싸우는 정치인, 비영리 단체의 지도자, 목회자들에게만 시선을 돌리기 쉽고, 정작 "평범한" 사람이 이룰 수 있는 영향력은 과소평가하기 쉽다고 믿는다. 우리는 흔히 이러한 거대한 문제들 앞에서 이 문제는 너무 크다고 생각하거나 나는 변화를 만들기 위한 능력을 갖추지 못했다고 생각하며, 자신이 지닌 영향력을 축소시킨다. 그러나 우리가 공동체로서 함께할 때, 엄청난 변화를 만들어 낼 수 있다는 사실을 종종 잊어버리고는 한다.

그러나 우리가 스스로, 우리의 공동체, 그리고 우리를 둘러싼 세상에 대해 그러한 이야기를 믿기 시작하면, 위험한 일이 벌어진다. 이러한 믿음은 자원봉사 신청을 하지 않거나, 길가에 있는 사람을 보면서도 어떻게 해야 할지 몰라 그냥 지나쳐 버리는 것과 같은 아주 작은 행동에서 시작된다. 시간이 지나면서 이러한 태도는 하나의 패턴이 되어, 우리는 해결책의 일부가 아니라는 잘못된 믿음을 강화한다.

어디에서나 발생하는 문제들에 대해 자신을 해결책으로 여기기는 쉽지 않다. 하지만 나는 아무도 당신에게 당신이 이 세상에 얼마나 필요한 존재인지, 그리고 당신이 가진 것이 하나님의 큰 그림 안에서 얼마나 소중한 것인지 알려주지 않았을까 봐 두려운 마음이 든다. 아마 당신은 당신이 돕는다고 달라질 게 있을지, 아니면 진정한 변화는 평생을 바쳐 헌신하는 사람들만이 만들어낼 수 있는 것이라고 생각할지도 모른다. 하지만 그것은 사실이 아니다. 당신 안에는 이미 이 세상에 의미 있는 기여를 할 수 있는 모든 것이 갖춰져 있다.

나는 한때 이러한 부정적인 생각들을 사실이라고 믿었다. 고등학교 시절, 스물다섯 명의 교사와 학교 직원들이 나에게 성공하지 못할 것이라고 말했다. 그들은 내가 가정에서 어떤 상황을 겪고 있는지 전혀 알지 못한 채, 나의 단점만을 바라보며 부정적인 점을 강조하기만 했다. 그들은 나를 온전히 이해하지 못했다.

고등학교 마지막 해에 한 친구와 언쟁을 벌이다가 결국 몸싸움으로 이어졌고, 약 3분간 지속된 후에야 싸움이 중재되었다. 교장실로 가기 직전, 대체 교사가 나를 따로 불러서 지금은 내가 문제를 일으키긴 했지만, 말하는 재능이 뛰어나며 훌륭한 리더가 될 가능성이 있다고 말해주었다. 그의 이 한마디는 내 인생을 바꾸는 계기가 되었다. 누구? 나 말이야?

그전까지 나는 주변 사람들이 나에 대해 했던 말들을 그대로 받아들였다. 내 안에서는 늘 같은 부정적인 생각들이 반복되었다. 너는 그리 착하지 않아. 너는 이방인이야. 너는 이곳에 소속되어 있지 않아. 다른 사람들이 규정한 나의 모습에 순응하는 것이, 그것을 거부하고 나 자신을 변화시키기 위해 노력하는 것보다 훨씬 쉬웠다. 그것이 바로 내면의 빈곤이었다.

　　나는 문득 궁금해졌다. 이러한 경험이 나만의 문제일까? 나만이 환경에 의해 자신의 모습이 결정되도록 내버려 두었을까? (결론부터 말하자면, 나만이 아니었고, 결코 당신만 그런 것도 아니다.)

　　운이 좋다면, 언젠가 자신에 대해 오랫동안 들어온 이야기가 반드시 진실이 아닐 수도 있다는 깨달음을 얻는 순간이 올 것이다. 우리는 왜 어떤 믿음을 가지게 되었는지 자신에게 질문할 수 있으며, 인생의 다음 장을 새롭게 써 나갈 자유가 있다. 나는 하나님이 우리의 질문을 두려워하신다고 생각하지 않는다. 오히려, 예수님은 종종 종교 지도자들에게 도전적인 질문을 던지셨다.

　　나는 내가 평생 들어왔던 이야기에 의문을 품었던 것이 너무나도 다행이라고 생각한다. 만약 내가 여전히 고등학교 교사들이 말했던 대로 내가 될 사람이라고 믿고 있었다면 어땠을까? 실제로 나는 이후에 그 학교를 다시 방문하여 학생들과 교직원들을 대상으로 강연을 했다.

　　대부분의 사람들에게 이러한 변화는 점진적으로 이루어지지만, 그 시작은 한순간에서 비롯된다. 그것은 바로 자신과 주변 세계, 그리고 자신의 역할에 대해 질문하기 시작하는 순간이다. 이때 우리가 찾고 있는 것은 정답이 아니다. 대부분의 경우, 삶의 모든 상황에 대한 명확한 정답은 존재하지 않기 때문이다. 그러나 열린 마음으로 성장과 발전, 그리고 온전함을 추구하기 시작할 때, 우리는 변화하게 된다.

　　이것이 바로 사람들이 예수님을 만날 때 일어나는 일이다. 단순히 주일학교에서 배우는 방식이 아니라, 고통과 시련 속에서, 사랑 속에서, 그리고 답이 없는 질문들 속에서 하나님을 만날 때 그렇다. 그럼에도 불구하고, 하나님은 여전히 그 모든 것을 감당하실 만큼 크신 분이다. 마약상이 소규모 사업가로 변화하고, 불안했던 어머니가 작가가 되며, 스무 살의 젊은 여성이 부모를 용서하는 법을 배우는 것과 같은 변화들이 일어난다.

당신의 미래는 당신의 선택

우리가 믿는 것을 바꾸는 과정은 결코 쉬운 일이 아니다. 우리는 현재의 익숙한 환경 속에서 편안함을 느낀다. 대부분의 경우, 우리의 믿음은 우리의 세계관을 형성하며, 삶 전체를 구축하는 기초가 된다. 그렇다면, 혹시 우리가 자신에 대해, 혹은 세상에 대해 잘못 알고 있는 부분이 있을 수도 있다는 사실을 어떻게 받아들일 수 있을까? 어쩌면 우리는 스스로가 생각하는 것보다 더 많은 것으로 세상에 기여할 수 있는 존재일지도 모른다. 어쩌면, 정말로 세상은 우리가 가진 것이 필요할지도 모른다.

자신이 가진 것의 가치를 깨닫고 그것을 세상에서 활용하는 과정은 두 가지 요소로 이루어진다. 첫째, 하나님께서 우리를 어떤 존재로 창조하셨는지를 아는 것, 그리고 둘째, 우리가 가진 재능과 능력을 인식하는 것이다.

첫 번째 부분은 다소 진부하게 들릴 수도 있다. 하나님께서 나를 어떤 존재로 창조하셨는지를 안다는 것은 어떤 의미일까? 떠올리기 쉬운 것은 감동적인 명언이 적힌 포스터나 어린이들이 부르는 노래일 수도 있다. 하지만 나에게 이 개념이 깊이 와닿았던 순간은 시편 139편을 읽었을 때였다.

> 은밀한 곳에서 나를 지으셨고,
> 땅속 깊은 곳 같은
> 저 모태에서 나를 조립하셨으니 내 뼈 하나하나도,
> 주님 앞에서는 숨길 수 없습니다.
> 나의 형질이 갖추어지기도 전부터,
> 주님께서는 나를 보고 계셨으며,
> 나에게 정하여진 날들이 아직 시작되기도 전에
> 이미 주님의 책에 다 기록되었습니다.(시편 139:15-16)

하나님은 내가 지닌 능력과 재능뿐만 아니라, 나의 실패와 실수까지도 모두 알고 계셨다. 그럼에도 불구하고, 하나님은 나를 사랑하셨다. 하나님은 내가 어떤 가정에서 태어날지, 그리고 내 삶에서 어떤 경험을 하게 될 줄도 알고 계셨다. 그리고 내가 겪었던 가장 힘든 어려움과 고통조차도 깊은 의미를 지닌 것으로 바꾸셨다. 내가 오늘날 섬기고 일하는 사람들과 함께할 수 있는 것은, 내가 한때 길을 잃고, 상처받고, 보이지 않는 존재처럼 느껴졌던 경험이 있었기 때문이다. 왜 고통과 고난이 존재하는지에 대한 명확한 해답은 없지만, 그것을 통해 우리가 서로 더 깊이 연결된다는 것은 확실하다. 예수님도 이것을 알고 계셨다. 그분이 이 땅에 오셨을 때, 우리가 전혀 본 적이 없었던 모든 고통을 직접 감당하심으로써 우리를 포함한 모든 인류와 더욱 깊이 연결되셨다.

예수님 다음으로 내가 가장 좋아하는 성경 속 인물은 야곱의 아들 요셉이다. 그는 사람들에게 오해받았고, 불안정한 가정에서 자랐으며, 꿈을 꾸었었고, 가족에게 버림받아 노예로 팔려 갔다. 이후 13년간 끊임없는 시련을 겪었으며, 죄 없이 감옥에 갇히기도 했다. 그러나 결국 감옥에서 나와, 바로 왕의 총애를 받아 기근 속에서 이집트를 다스리는 자리에 오르게 된다. 창세기 50장에서 오랜 고난 끝에 다시 만난 형제들이 그 앞에서 두려워하자, 요셉은 이렇게 말한다. "형님들은 나를 해치려고 하였지만, 하나님은 오히려 그것을 선하게 바꾸셔서, 오늘과 같이 수많은 사람의 생명을 구원하셨습니다."(창세기 50:20)

나는 대부분의 우리 인생도 이와 비슷한 모습이라고 생각한다. 현실적으로 우리는 요셉처럼 평범한 사람들이다. 불완전한 가정에서 자라며, 아픔과 상처를 짊어지고 살아간다. 하지만 그 속에서도 하나님의 손길을 발견할 수 있는 능력이 우리에게 있다면 어떨까? 요셉은 하나님의 섭리를 통해 자신의 고난과 인내가 얼마나 가치 있는 것이었는지를 깨닫게 되었다. 그러나 세상에는 자신의 고통이 어떤 의미를 지니는지 깨닫지 못한 채, 인정받지 못하고 끝내 광야에서 길을 잃고 마는 이들이 얼마나 많을까 하는 생각이 든다.

모세도 그랬다. 그는 어머니에 의해 강물에 떠내려가야 했던 아기였다. 라합은 창녀라는 낙인이 찍혔지만, 이스라엘 정탐꾼들을 숨겨주어 하나님의 백성을 구하는 데 중요한 역할을 했다. 에스더 왕비는 용기를 내어 말함으로써 유대 민족을 구했다. 이처럼 성경 속의 인물들은 세상의 기준으로 볼 때 결점 많고 연약한 존재였지만, 하나님은 그들을 사용하셨다. 하나님은 완벽한 사람만이 아니라, 모든 사람을 통해 일하신다.

그리고 세상을 바꾸는 평범한 사람들의 이야기는 성경 속에서만 존재하는 것이 아니다. 그것은 단순한 고대의 이야기가 아니다. 패니 루 해머(Fannie Lou Hamer), 엘라 베이커(Ella Baker), 매미 틸(Mamie Till), 베이어드 러스틴(Bayard Rustin), 데이지 베이츠(Daisy Bates), 존 콘리(Rev. John Conley) 등 수 많은 시민권 운동가들의 삶을 생각해 보라. 그리고 그 시대의 수많은 인물 중에서도, 나에게 특별한 영감을 주는 사람 중 하나가 바로 마틴 루터 킹 주니어(Dr. Martin Luther King Jr.)이다.

마틴 루터 킹은 목사인 아버지와 학교 선생님인 어머니 사이에서 태어난 평범한 사람이었다. 그러나 그가 자란 시대는 피부색에 따라 부당한 대우와 차별을 받는 것이 당연하게 여겨지던 시대였다.

오늘날, 마틴 루터 킹은 영웅으로 기억된다. 그는 평생을 모든 사람의 평등과 정의를 위해 싸웠다. 그러나 그의 시대에는 많은 사람들에게 미움받았다. 정부는 그를 탄압했고, 그의 생명은 끊임없이 위협받았다.

그의 정의와 평등을 위한 싸움은 당시에 대중적이지 않았다. 그러나 그는 매일 아침 일어나 행동했다. 버스 보이콧을 주도했고, 소방 호스로 물을 맞으며 탄압을 견뎠으며, 끊임없는 살해 협박을 받았다. 식당의 테이블에 앉아 있는 것조차도 모욕과 비난의 대상이 되었다. 사람들은 그에게 소리를 질렀고, 그가 무가치하며 이 사회에 속할 자격이 없다고 외쳤다. *1968년 4월 4일: 마틴 루터 킹 주니어의 죽음과 그것이 미국을 어떻게 바꾸었는가(April 4, 1968: Martin Luther King Jr.'s Death and How It Changed America)*에서 마이클 에릭 다이슨(Michael

Eric Dyson)은 사람들이 킹을 미워했기 때문에 그가 죽기를 바랐다는 것을 보여준다.[2]

　　킹 목사는 희생의 기초를 다졌고, 하나님께서 우리를 사용하여 세상에서 더 큰 목적을 이루실 수 있다는 본보기를 남겼다. 그가 정의를 위해 싸움을 계속할수록, 점점 더 많은 사람들이 그의 뜻에 동참했다. 많은 사람들이 그의 말을 듣고 움직이기 시작하면서, 결국 세상이 변하기 시작했다. 그렇게 오랜 시간 당연하게 여겨지던 불의가 하나의 악(惡)으로 드러나기 시작했다. 단 한 사람이 두려움 없이 맞서 싸울 용기를 냈기 때문이었다. 그리고 점차 사람들은 귀를 기울였다. 운동은 그렇게 성장했다. 그 불의가 너무 거대해서 결코 바꿀 수 없다고 생각했던 평범한 사람들이 듣기 시작했고, 그들이 자신들과 주위의 사람들에 대해 가졌던 믿음을 바꾸어 나가기 시작했다.

　　어쩌면, 우리는 한 사람이 자신의 피부색이나 출신지 때문에 덜 가치 있는 존재로 여겨지는 것이 어떤 느낌일지 상상하기 어려울 수도 있다. 그러나 오늘날에도 가난한 사람들은 마치 자신이 덜 소중한 존재인 것처럼 여겨진다. 그들은 우리가 받았던 것과 같은 기회를 얻지 못했다. 그들의 가족들은 굶주림에 시달리고, 다리 밑에서 잠을 청해야 하는 현실 속에 살고 있다.

　　변화를 만드는 과정에서 두 번째 단계는 우리 각자가 받은 고유한 재능과 능력을 인식하는 것이다. 내게 수학과 과학이 아닌 소통하고 사람들을 연결하는 능력이 있다는 사실을 깨닫도록 도와준 대체 교사처럼, 우리 역시 자신만의 특별한 재능을 알아차려야 한다. 자신에게 질문해보라. *나는 무엇을 잘하는가? 나는 어떻게 다른 사람을 도울 수 있는가? 어떤 일에 대해 불의를 느끼고 가슴이 뜨거워지는가?* 우리를 분노하게 하고, 열정을 불러일으키는 그 분야가 우리가 변화를 만들 수 있는 영역일 가능성이 크다.

　　나는 너무나도 자주 다른 사람의 강점을 부러워하며 동경만 하는 사람들을 본다. 그러나 다른 사람이 되기를 바라며 삶을 낭비하지 말라.

당신 자신이 누구인지 배우고, 그에 맞게 자신의 재능을 활용하라. 회계사든, 작가든, 예술가든, 학생이든, 계산원이든, 전업 부모이든 상관없다. 우리는 모두 세상에 필요하고, 각자 고유한 역할을 할 수 있는 존재다.

고린도전서 12장에서 바울은 교회를 하나의 몸에 비유한다. 몸의 각 부분이 각자의 역할을 수행함으로써 전체가 온전한 하나의 시스템으로 기능하는 것이다. 마찬가지로, 하나님은 우리 각자에게 다른 기술과 영적 은사, 그리고 재능을 주셨다. 그리고 그것들은 결코 우연이 아니다.

만약 자신이 어떤 재능을 가졌는지 모르겠다면, 성격 테스트를 해보라. 친구들에게 물어보라. 흥미가 있는 일을 직접 시도해보라. 자신을 알아가는 과정은 앞으로 나아가는 데 있어 가장 중요한 첫걸음이다.

그러나 여기서 멈추지 말라. 자신이 누구인지 알고, 자신의 재능을 깨달았다면, 이제 주변 사람들과 지역사회의 필요를 배우는 것이 중요하다. 나는 이것을 다가감(Proximity)이라고 부른다. 대부분의 사람들은 자신의 지역사회에서 무슨 일이 벌어지고 있는지 제대로 알지 못한다. 때때로 사람들은 이렇게 말하곤 한다. "우리 지역사회에는 가난한 사람들이 별로 없는 것 같아요." 그러나 나는 단언할 수 있다. 그것은 사실이 아니다.

1990년 이후, 교외 지역의 빈곤율은 50% 증가했다.[3] 이러한 빈곤은 눈에 잘 띄지 않기 때문에 가려지기 쉽다. 특히, 고소득 일자리가 부족한 지역에서는 한부모 가정이 경제적으로 어려움을 겪을 가능성이 크다. 빈곤은 어디에나 존재한다. 그렇기 때문에, 자신이 살고 있는 지역사회에서 실제로 어떤 일이 일어나고 있는지 직접 조사하는 것이 중요하다.

나는 문제를 해결할 때 창의적인 접근법을 사용한다. 그중 하나가 바로 디자인 씽킹(Design Thinking)이다. 디자인 씽킹이란 디자이너들이 창의적인 문제 해결을 위해 사용하는 전략적 사고 방식을 의미한다. 나에게 있어 디자인 사고는 공감에서 출발하여 아이디어를 실현하는 체계적인 과정을 제공한다. 나는 개인적인 경험을 바탕으로 나만의 디자인 사고 프로세스를 수정 및 발전시켰다. 이것은 다섯 가지 단어로 구성된다; *분별*, *상상*, *협력*, *실행*, *영향*.

분별(*Discernment*). 분별은 많이 듣고, 사회 및 문화적 흐름을 주의 깊게 관찰할 것을 요구한다. 주변 지역사회를 면밀히 살펴보고, 어려움을 겪고 있는 개별적인 사람들의 이야기를 듣는다. 질문을 던지고, 무엇이 문제인지 이해하는 능력을 키운다. 우리 지역사회에서 어떤 일이 일어나고 있는가? 사람들이 필요로 하는 것은 무엇인가? 진정으로 경청하는 태도는 우리를 올바른 방향으로 인도할 것이다.

상상(*Imagine*). 이 단계에서는 한 손에 문제를 들고, 다른 손에 내가 가진 자원과 기회를 쥐고 생각해 본다. *내가 가진 자원, 물건, 기회 중에서 이 문제를 해결하는 데 활용할 수 있는 것은 무엇이고, 내가 가진 네트워크나 기술이 어떻게 이 문제와 연결될 수 있는가?* 이 단계에서 우리는 창의적인 해결책을 형성하기 시작한다. 예를 들어, 버스를 개조해 노숙인을 위한 이동식 샤워 공간을 만든다. 사용하지 않는 공터를 작은 마을로 변화시킨다. 이처럼 창의적인 아이디어를 자유롭게 상상하는 과정이 필요하다.

협력(*Collaboration*). 나는 협력이야말로 문제 해결의 핵심 열쇠라고 믿는다. 혼자만의 힘으로 거대한 변화를 만들기는 어렵다. 우리는 이미 존재하는 관계와 플랫폼을 활용할 수 있다. 내가 아는 사람 중에 이 문제 해결을 도울 수 있는 사람은 누구인가? 이미 이와 관련된 일을 하고 있는 단체나 조직이 있는가? 이 단계에서는 단순히 나 혼자 해결책을 찾는 것이 아니라, 더 많은 사람을 참여시키고 함께 움직이는 것이 중요하다. 처음부터 모든 것을 혼자 시작하는 대신, 기존의 네트워크를 활용해 변화를 만들어 나가는 과정이다.

실행(*Move*). 어떻게 하면 다른 사람들과 협력하여 만든 해결책을 테스트할 수 있을까? 아이디어를 실험하면서 영향력을 확장해 나간다. 여기서 중요한 원칙은 완벽함보다 영향력이다. 모든 것을 완벽하게 하려는 것에 집중하지 말고, 의미 있는 변화를 만드는 것에 집중해야 한다.

이 과정을 반복할수록 주변 사람들에 대해 더 많이 배우게 되고, 더 깊은 관계를 형성할 수 있다. 더 많은 관계를 만들수록 통찰력 또한 깊어지며, 다시 첫 번째 단계로 돌아가 지역사회의 다양한 필요를 해결할 수 있다.

영향력(Impact). 결국, 가장 중요한 것은 영향력이다. 우리는 도움이 필요한 사람들을 위해 변화를 만든다.

계속해서 나아가기

내가 처음 삶을 바꾸고 소외된 사람들과 목소리를 내지 못하는 이들을 위해 말하기 시작했을 때, 친구들과 가족들은 내가 단순히 한때 지나가는 변화를 겪고 있다고 생각했다. 도대체 왜 그런 일을 하려는 거냐며 많은 사람들이 의아해했다. 어느 순간, 몇몇 친구들은 나와의 관계를 끊기도 했다. 그들은 내가 더 이상 예전의 내가 아니라는 것을 이해하지 못했다. 내가 내면의 가치를 다른 곳—하나님과의 관계에서 찾고 있다는 사실을 알지 못했다. 솔직히 말하면, 사람들이 나의 변화를 믿어주지 않았던 것은 상처가 되었다. 하지만 나는 그들이 왜 그렇게 생각했는지 이해할 수 있었다. 그리고 나는 그들이 틀렸다는 것을 증명해야 한다고 결심했다. 사람들이 나에게 덧씌운 낙인과 거짓된 기대를 뛰어넘을 수 있다는 것을 보여주고 싶었다. 나는 한 가지 중요한 사실을 깨달았다. 내 가치는 사람들이 정해주는 것이 아니라, 하나님께서 정하신다는 것을.

나는 마음속으로 다리 한쪽 끝에 과거의 내가 서 있고 다리 반대쪽에 지금의 내가 서 있는 모습을 떠올렸다. 그리고 그 두 다리를 연결하는 다리를 불태워버렸다. 나는 다시는 과거의 나로 돌아가지 않겠다고 결심했다. 더 이상 이기적인 행동과 변명에 기대며 살지 않겠다고 다짐했다. 그래서 나는 내가 한때 붙잡고 있었던 "문제아," "무가치한 사람," "반항아" 같은 낙인들을 벗어 던졌다.

그러나 솔직히 말하면, 이 모든 과정을 거쳤다고 해서 고민과 어려움이 완전히 사라진 것은 아니었다. 마법처럼 모든 문제가 해결되는 것이 아니었다. 하지만 역설적으로, 내가 경험한 과거의 모습 덕분에 나는 내가 만난 사람들과 더 깊이 공감할 수 있었다. 그리고 그들에게 변화할 힘이 있음을 전할 수 있었다. 그 모든 경험이 없었다면, 지금의 나는 존재하지 않았을 것이다. 이 모든 것이 가능했던 이유는 단 하나였다.

나는 매일 아침 다시 일어나, 그냥 계속해서 나아갔기 때문이다. 나는 한 걸음씩, 내가 원하는 방향으로 움직였고, 나만의 이야기를 써 내려갔다. 지금도 여전히 리더십을 발휘할 때나, 대중 앞에서 연설할 때 긴장한다. 나는 지극히 평범한 사람이면서도 열정적인 사람이고, 때로는 지쳐서 낮잠을 자기도 한다. 그런데도 내가 변화를 만들고 있다면—당신도 할 수 있다.

얼마 전, 나는 폴(Paul)이라는 놀라운 청년을 만났다. 그는 우리 팀과 함께 지역 사회를 섬기기 위해 시내로 왔다. 그날 우리는 한 큰 교회 건물에서 모임을 준비하고 있었다. 나는 참석한 모든 사람들에게 감사의 말을 전하며, 봉사하는 리더십에 대한 짧은 연설을 했다. 그리고 연설을 마친 후, 뒤쪽으로 물러나 있었다.

강당 앞쪽에 앉아 있던 한 소년이 천천히 자리에서 일어나, 내 쪽으로 다가왔다. 그는 환하게 웃으며 내게 다가와 말했다. "안녕하세요! 저는 오늘 자원봉사하러 왔어요. 그런데 연주를 하고 싶어서 색소폰이랑 앰프도 가져왔어요! 연주를 할 수 있을까요?"

나는 놀랐다. 우리가 봉사하는 동안 이런 부탁을 받은 적은 한 번도 없었다. 솔직히 말하면, 이 소년이 색소폰을 잘 연주하는지조차 알지 못했다. 하지만 나는 대답했다. "물론! 해봐. 세팅해!"

폴은 자리를 떠나 도움을 줄 보조를 데려왔고(나중에 알게 된 사실이지만, 그 보조는 폴의 형제였다), 차에서 장비를 가져왔다. 그가 색소폰 케이스, 앰프, 케이블을 가져오는 것을 보며, 나는 내가 지금 뭘 하려고 하는 건지를 자문했다. 그들이 장비를 세팅하는 동안, 사람들은 음식을 받아 들고 자리에 앉기 시작했다. 자연스럽게 작은 무리가 형성되었다.

몇 분간의 기대감이 흐른 후, 폴이 연주를 시작했다. 그리고 순간, 건물 안에 있던 모든 사람들의 시선이 그에게 집중되었다. 그가 연주하는 소리는 마치 재즈 CD에서 흘러나오는 음악 같았다. 사람들은 춤을 추며 말하기 시작했다. "오, 이거 내가 좋아하는 노래잖아!" 그날의 분위기가 완전히 바뀌었다. 그저 평범한 봉사의 하루가, 훨씬 더 즐겁고 따뜻한 순간으로 변했다. 폴은 우리가 미처 깨닫지 못했던 깊이 있는 무언가를 이 경험에 더해 주었다. 그는 음악을 연주하며 사람들에게 미소를 짓고, 춤을 추고, 함께 웃을 기회를 제공했다. 그 덕분에, 이 행사는 단순한 무료 음식 나눔을 넘어선 의미 있는 순간이 되었다. 음악이 사람들에게 주는 만족감은, 햄샌드위치 하나가 제공할 수 있는 것보다 훨씬 컸다. 나는 문득 어쩌면 이게 천국의 모습일지도 모른다는 생각이 들었다.

이 세상은 당신의 재능이 필요하다. 그보다 더 중요한 것은 바로 당신 자체가 필요하다는 것이다. 지금, 바로 지금, 당신이 가진 재능을 사용할 시간을 정해라. 그것이 아무리 사소해 보일지라도 말이다. 우리는 당신이 여기에 있어 주기를, 그리고 당신이 가진 것을 기꺼이 내어주기를 바란다. 당신이 그것이 어디에 맞춰질지 확신하지 못하더라도 괜찮다. 하지만 나는 확신한다. 당신이 있는 그대로를 내어놓을 때, 당신이 상상할 수 있는 것보다 훨씬 더 큰 것을 세상에 선물하게 될 것이다.

제 7 장
다른 사람들의 다양한 수요들

　작년에 나는 애틀랜타에서 워싱턴 DC까지 걸었던 나의 여정을 기초로 한 다큐멘터리 영화를 상영하기 위해 켄터키를 여행했다. #MAP16이라 불리는 이 캠페인은 우리나라의 수백만 명의 사람들이 빈곤으로 고통받고 있다는 사실에 대한 인식을 높이기 위해 시작된 것이었다. 그 영화는 내가 그 길을 가는 동안에 만났던 다양한 사람들의 이야기들을 담고 있다. 그 영화의 제목은 목소리를 잃은 사람들(Voiceless)[1]이었다.

　우리가 켄터키에 도착했을 때, 우리의 친구 마이클 터커(Michael Tucker)가 그의 가족이 운영하는 식당에서 우리를 맞이했다. 마음 한 켠에서 나는 빈곤이 두드러지지 않는 이 지역에서 이 영화가 호응을 얻지 못할까 봐 걱정이 되었다(그러나 나중에 알게 된 사실은, 이 지역에도 빈곤 문제가 존재했지만, 내가 처음 예상했던 것과는 다른 형태였다는 것이다).

　나는 작은 마을을 지나면서, 말과 마차를 타고 가는 사람을 보았다. 그곳은 아미시(Amish) 공동체 마을이었다. 여성들은 모두 긴 드레스를 입고 있었고, 남성들은 검은 정장에 멜빵을 메고 있었다. 비포장도로를 달리면서 문득 이런 생각이 들었다. 사람들이 애틀랜타 길거리에서 자신들의 말과 사륜차를 몰고 다닌다면 어떤 일이 벌어질까?

　생각해보면, 사람들의 반응이 꽤 재미있을 것 같았다. 분명 이런 반응이 많을 것이다. "뭐야, 저거…?" 솔직히 말하면, 나도 처음 말과 마차를 본 순간 같은 반응이었다. 나는 많은 질문들이 생겼다.

이런 일은 내가 보고 경험할 수 있었던 다양한 문화들의 곳곳에서 나에게 많이 일어나는 일이다. 문화와 장소에 따라 일하는 방식은 모두 다르다. 이러한 차이는 본질적으로 나쁘거나 잘못된 것이 아니라, 그저 다를 뿐이다.

가장 기본적으로, 다양성은 당신의 집에서는 신발을 신을 때, 친구의 집에서는 신발을 벗어야 하는 것과 같다. 모든 사람들은 생활하는 데에 서로 다른 규칙과 방법을 갖고 있다.

하나님은 세상을 창조하기를 마치신 후에 보기에 좋았다고 말씀하셨다. 세상의 모든 것을 보시고 말이다. 나는 그 말씀이 세상의 모든 부분을 포함한다고 생각한다. 하나님께서는 깊은 바다도, 메마른 사막도 좋다고 말씀하셨다. 선인장도, 열대우림의 꽃들도 좋다고 말씀하셨다. 그분은 다양한 세상을 창조하셨고, 다양한 생명체와 사람들을 만드셨다. 나는 우리가 서로 외모도 다르고, 살아가는 방식도 다르지만, 그럼에도 불구하고 우리는 모두 하나님께서 창조하신 아름다운 존재라고 믿는다.

서로 다르다는 것은 배우는 방식이 다르고, 먹는 방식이 다르고, 인간관계를 맺는 방식이 다르고, 삶을 살아가는 방식이 다르고, 각자가 가진 문제, 고민, 신념, 세계관도 다르다는 것을 의미한다. 이 점을 고려하면, 내가 세상을 바라보는 방식과 당신이 세상을 바라보는 방식이 다를 수 있음을 이해할 수 있다. 그리고 이것은, 내가 당신에게 필요하다고 생각하는 해결책이 실제로 당신에게 필요한 것과 다를 수도 있음을 의미한다.

나는 상담학을 전공하면서 문화적 다양성(Cultural Diversity) 과목을 수강했다. 이 수업을 통해, 서로 다른 배경을 가진 사람들에게 상담할 때는 각기 다른 접근이 필요하다는 것을 배웠다. 사람마다 문화적 행동, 세계관, 가치 체계가 다르기 때문에 각각의 상담 과정 또한 고유한 방식으로 진행되어야 한다. 문화적 다양성이란 단순한 차이를 인정하는 것이 아니라, 서로의 다름을 존중하는 것을 의미한다.

　　나는 이런 상황을 자주 겪는다. 나의 꿈은 구조적인 빈곤을 근절하는 것이기 때문이다. 많은 사람들은 자신이 정답을 알고 있다고 생각한다. 그럴 만한 이유가 있다. 우리는 문제를 분석하고, 겉으로 드러난 증상을 살펴보고, 해결책을 찾도록 훈련받아 왔다. 하지만 때때로 우리는 하나님께서 창조하신 아름다운 다양성을 간과하고, 빈곤 문제를 해결하는 획일적인 정답이 존재한다고 착각한다. 미디어에서도 종종 이런 모습이 나타난다. 누군가가 다른 사람의 삶을 완전히 이해하지 못한 채, 단정적인 발언을 할 때 그렇다.

　　나는 아프리카계 미국인(African American)으로서 직접 이런 경험을 했다. 예를 들어, 다른 인종의 친구들이 경찰 문제가 심각하지 않다고 말할 때이다. 그러나 그들은 자신의 피부색 때문에 경찰을 두려워하며 아침을 맞이하는 경험을 하지 않는다.

함께 상상해보자

　　다음의 상황을 상상해보자. 어느 날 아침, 당신은 코가 막히고 목이 따끔거리는 증상으로 깨어난다. 회사에서 독감에 걸린 사람이 있었다는 것이 기억나서 조심해야겠다고 생각한다. 그리고 하루가 지나도록 증상이 나아지지 않으면 시내에 있는 병원에 가기로 한다. 다음 날 아침, 극심한 피로감이 몰려오고, 머리가 깨질 듯이 아프고, 무릎이 욱신거린다. 목과 코의 상태는 더 심각해졌다. 그리고 더 이상 버틸 수 없을 것 같아, 곧장 병원으로 차를 몰고 간다.

　　병원에 도착해 접수처 간호사에게 이름을 적고 증상을 설명한 뒤 대기실에서 기다린다. 15분 후, 간호사가 당신의 이름을 부른다. 그리고 작은 종이 한 장을 건네며 이렇게 말한다. "와주셔서 감사합니다! 좋은 하루 보내세요." 당신은 당황한다. 당황한 채 종이를 들여다보니, 거기에

다른 사람들의 다양한 수요들　129

는 알레르기 약 처방전이 적혀 있다.

"저기요," 당신은 간호사에게 말한다. "저는 독감에 걸린 것 같아요. 아마 처방전을 잘못 주신 것 같은데요. 아직 의사도 만나보지 못했어요."

"아, 아니에요," 간호사가 대답한다. "그게 맞는 처방전이에요. 제가 의사에게 증상을 말씀드렸는데, 지난주에 꽃가루 수치가 올라갔다고 하더군요. 증상도 딱 맞아떨어지고요. 그냥 강력한 알레르기 약을 드시면 괜찮아질 거예요. 의사 선생님께서는 정확히 알고 계십니다."

약간 짜증이 나고 절박해진 당신은 간호사에게 말한다. "죄송하지만, 제 말을 이해하지 못하시는 것 같아요. 이번 주에 우리 사무실에서 독감에 걸린 사람이 있었고, 저는 한 번도 알레르기를 앓아본 적이 없어요."

"그게 의사 선생님의 진단입니다. 제가 해드릴 수 있는 건 여기까지예요. 와주셔서 감사합니다. 좋은 하루 보내세요, 그리고 알레르기가 빨리 나으시길 바랍니다."

이런 상황이 너무 극단적이거나 현실에서 일어날 리 없다고 생각할 수도 있다. 하지만 이것이 우리가 매일같이 하는 행동이다—한 번도 본 적 없고, 만난 적 없는 사람들의 문제를 섣불리 진단하고 해결책을 제시하는 것 말이다.

내가 예수님에 대해 가장 좋아하는 것 중 하나는 그분이 사람들을 깊이 보셨다는 점이다. 복음서에는 "예수께서 보셨다"라는 구절이 수십 번 등장한다. 이 구절이 흥미로운 이유는, 이 표현이 한 이야기를 시작할 때 자주 사용되기 때문이다. 예수님께서 베데스다 연못가의 병자를 보셨을 때 (요한복음 5:6), 십팔 년 동안 허리가 굽어 있던 여인을 보셨을 때 (누가복음 13:12) 같은 이야기들이 그렇다.

나는 항상 이런 "보기(seeing)"가 단순히 신호등 앞에서 누군가를 스쳐 지나가는 정도의 시선이 아니라고 생각한다. 그것은 친구와 카페에서 마주 앉아 깊이 이야기를 나누는 것과 같은 시선이다. 이러한 "보기(seeing)"는 단순한 흘깃 스치는 눈길이 아니라, 상대방의 영혼을 들여다보고, 말하지 않은 이야기까지 읽어내며, 있는 그대로의 존재를 바라보는 것이다. 그리고 오직 그 순간에만, 예수님께서는 눈먼 자를 보게 하시고, 절뚝이는 자를 회복시키시고, 귀신을 내쫓으셨다.

예수님께서 하신 보는 것은 단순한 시선이 아니었다. 그것은 사람들에게 다가가고, 그들과 교감하며, 진정으로 소통할 수 있는 문을 여는 과정이었다. 예수님은 먼저 사람들을 보셨다. 그 다음, 그들과 소통하셨다. 그리고 마지막으로, 그들에게 응답하셨다. 그분은 그들이 어떤 상황에 처해 있든, 있는 그대로의 인간으로서 존엄성을 가지고 대하셨다. 그들이 있는 자리에서 그들을 만나셨다. 우리는 먼저 보는 법을 배워야 한다.

나는 절대 잊을 수 없는, 가슴을 아프게 했던 이야기가 있다. 나는 카페에서 일하는 것을 좋아한다. 사람들이 분주히 움직이며, 서로 연결되고, 무언가를 만들어내는 공간에 있는 것이 좋다. 그러나, 재개발이 진행되는 도심 속 카페에서 일하는 것은 또 다른 현실을 목격할 위험도 따른다.

나는 카페에서 일하면서, 노숙인들이 따뜻한 커피 한 잔을 얻기 위해 희망을 걸고 있는 모습을 자주 본다. 어쩌다 한 명은 운 좋게 "자선"의 대상이 되어 커피 한 잔을 얻기도 한다. 그러나 그 과정에서 차가운 시선, 멸시, 모욕적인 말들을 견뎌야 한다.

얼마 전, 나는 한 카페에 앉아 있었다. 그때, 창밖에 한 아프리카계 미국인 남성이 서 있는 것을 보았다. 그리고 몇 테이블 떨어진 곳에서 젊은 백인 청년들 몇 명이 그를 이야기하는 것을 들었다. 그 남자의 이름은 알지 못했다. 하지만 그의 모습은 선명했다. 그의 양말은 때 묻은 갈색이었다. 청바지는 몇 주, 아니 몇 달 동안 빨지 않은 듯 보였다. 바지 한쪽에는 농구공만 한 크기의 구멍이 나 있었고, 그는 속옷도 입지 않은 상태였다.

그 순간, 말끔한 정장을 입고 따뜻한 커피를 마시던 청년들이 그 남성을 보며 웃기 시작했다. 그들의 웃음소리는 예상보다 컸고, 그들은 자신들의 창밖의 남성을 향한 비웃음과 조롱이 주변 사람들에게 들릴 것을 신경 쓰지 않는 듯했다.

얼마 후, 그 노숙인은 동전 몇 개를 모아 커피를 사기 위해 카페 안으로 들어왔다. 그때, 그 청년 중 한 명이 그를 보며 말했다. "일이나 좀 하지 그래? 사람들한테 돈 구걸하는 거 그만하고."

또 다른 사람이 끼어들어 말했다. "저 꼴로 다니면서 무슨 일을 하겠어? 그냥 버려진 인간 같잖아."

세 번째 남자가 덧붙인 말은 나의 가슴을 찔렀다. "왜 저 사람들은 그렇게 게으를까? 참나."

나는 자리에서 일어나 그 남성을 변호하려 했다. 하지만 그 순간, 카페 직원이 다가와 그 청년들에게 나가달라고 요청했다. 이것은 실제로 있었던 이야기다. 이 젊은 남성들은 다양성을 받아들이지 않을 때 어떤 일이 벌어지는지를 보여주는 사례였다.

주의하고, 조심하라

최근, 나는 한 도시 지역에서 활동하는 친구와 이야기를 나누었다. 나는 그에게 "요즘 활동은 어떻게 되어 가고 있어요?"라고 물었다. 그는 대답했다. "사실, 우리가 돕고 있던 사람들 중 일부가 '교회 사람들이' 와서 봉사하는 걸 싫어한다고 했어요. 그래서 내가 직접 내려가서 왜 그렇게 느끼는지 물어봤지요."

내 친구는 그들에게 물었다. "얘기 들었는데, 교회 사람들이 와서 돕는 걸 별로 좋아하지 않는다고 하던데. 왜 그래요? 잔디 깎아주고, 집도 칠해주면 좋은 거 아닌가요?"

그중 한 남자가 대답했다. "물론이죠. 그런데, 그들은 상처 주는 말을 해요. 나는 그런 말을 듣고 싶지 않아요."

친구가 다시 물었다. "무슨 말이죠? 그 사람들이 뭐라고 하는데요?"

그 남자가 대답했다. "그래, 집도 칠해주고 도와주긴 해요. 하지만 그들이 와서는 이런 말을 하죠. '와, 아이들이 정말 얌전하네요.' '우와,

집이 생각보다 깨끗하네요.' 나는 그런 말이 싫어요. 내가 가진 것이 적다고 해서, 내게 도덕이나 윤리가 없는 건 아니잖아요. 내가 가진 것들을 소중히 여기지 않는다는 뜻도 아니고 말이죠."

나는 그 집을 칠해주던 사람들이 악의 없이 한 말이라는 것을 안다. 하지만 그 말은, 가난한 사람이 듣기에 이렇게 들릴 수 있었다. 집을 칠해주러 온 사람이, 내 물질적인 소유(혹은 그 부족함)가 나라는 사람을 결정짓는다고 믿고 있구나. 이것이 도움이 때때로 상처를 줄 수 있는 이유이며, 의사가 환자를 직접 보기 전에 약을 처방해서는 안 되는 이유다.

우리가 어떤 사람이 집 페인트칠을 받는 것보다, 스스로 힘을 얻는 것이 더 중요하다는 사실을 간과할 때, 그것은 분명 잘못된 것이다.

무엇이 사람의 존엄성을 빼앗는지, 그리고 무엇이 사람의 존엄성을 지켜주는지 아는 것이 중요하다. 다음의 목록이 그 차이를 이해하는 데 도움이 될 것이다.

존엄성을 지켜주는 것

사람들을 예수님처럼 바라보고, 그들의 가치를 인정하기. 예수님께서는 사람들을 소중히 여기고, 그들에게 다가가는 것을 우선순위로 삼으셨다. 그들이 누구든 상관없이, 예수님은 그들 안에서 가장 좋은 모습을 보셨다.

사람들에게 선택권을 주기. 경제적으로 어렵다고 해서, 그들이 선택할 권리가 없는 것은 아니다. 앞서 언급했듯이, 한 자원봉사자가 도움을 받던 사람이 자신이 원하는 것을 골랐다는 이유로 화를 냈던 적이 있다. 우리는 사람들에게 선택할 기회를 주어야 한다.

소외된 사람들의 이야기를 듣기. 잠시 멈추고, 사람들의 이야기를 충분

히 들을 때, 특별한 일이 일어난다. 우리 모두가 그렇듯, 자신의 경험을 들어주는 사람이 있다는 것은 크나큰 위로가 된다. 소외된 사람들에게도 그들의 이야기를 들어줄 사람이 필요하다.

사람들에게 힘을 실어주기. 사람을 성장시키는 것은, 단순히 도움을 주는 것이 아니라, 지혜를 나누고 가르치는 것일 수도 있다. 나 역시, 누군가가 기꺼이 자신의 지식을 나누어 주지 않았다면 지금의 내가 될 수 없었을 것이다.

존엄성을 빼앗을 수 있는 것들

변화를 강요하는 것. 우리는 누군가에게 변화를 강요해서는 안 된다. 하나님께서는 우리에게 인내하시듯, 우리도 다른 사람들에게 인내해야 한다.

고정관념이 섞인 언어를 사용하거나 모욕적인 말을 하는 것. 우리는 도움을 주려는 사람들에게 어떻게 말하는지 신중해야 한다. 조심하지 않으면, 우리의 말이 도움이 되기는커녕 더 큰 상처를 줄 수도 있다.

사람들을 배제하거나, 제한된 형태로만 포함하는 것. 우리는 사람들을 배제하는 것이 아니라, 더 포용적인 태도를 가져야 한다. 그들이 가난하다고 해서 사회에서 제외되어서는 안 된다.

돈으로 문제를 해결하려 하고, 우리의 재능과 능력을 나누지 않는 것. 우리는 돈만으로 문제를 해결하려는 태도를 경계해야 한다. 사람들이 가장 필요로 하는 것은 단순한 금전적 지원이 아니라, 관계이다.

웰니스휠

내 사무실은 애틀랜타의 칼리지파크에 있다. 이 지역에는 건강한 음식을 구할 수 있는 식료품점이 부족하다.

미시간주 플린트에서는 상황이 다르다. 깨끗한 공공 식수가 부족하고, 공장들이 폐쇄되면서 실업률이 높아졌다.

칼리지파크와 플린트는 서로 다른 지역이며, 각기 다른 문제로 인해 체계적인 빈곤이 지속되고 있다. 내가 지역사회 내에서 이러한 다양한 필요를 파악하는 데 가장 유용하게 사용하는 도구가 바로 "웰니스휠(Wheel of Wellness)"이다.

이 개념은 원래 토마스 J. 스위니(Thomas J. Sweeney)와 멜빈 위트머(Melvin Witmer)가 개인 심리학에 기초하여 개발한 모델이다. 이후 제인 E. 마이어스(Jane E. Myers)가 수정 및 발전시켰다. 이 모델은 개인을 둘러싼 다양한 요소들이 개인의 웰니스(건강한 삶)에 영향을 미친다는 개념을 담고 있다. 그 요소로는 가족, 종교, 교육, 산업, 미디어, 정부, 지역사회 등이 있으며, 또한 글로벌 요인도 개인에게 영향을 미친다.[2]

오늘날, 사람들은 원래의 웰니스휠의 모델을 다양한 방식으로 변형하여 사용한다. 내가 사용하는 웰니스휠은 좀 더 단순하며, 다음과 같은 영역에 초점을 맞춘다. 신체적(Physical), 정서적(Emotional), 직업적(Occupational), 영적(Spiritual), 환경적(Environmental), 사회적(Social), 지적(Intellectual), 재정적(Financial)[3] 영역으로 나열되는 이 여덟 가지 요소는 사람이 전인적으로 건강한 삶을 살아가는 데 중요한 영역들이다. 우리는 종종 다른 사람의 신체적인 필요를 채워주는 것에만 집중하는 경향이 있다. 그 이유는 쉽고, 간단하며, 편하기 때문이다. 예를 들어, 누군가의 집을 칠해주는 것, 음식을 가져다주는 것, 이러한 일들은 어렵지 않게 할 수 있다. 그러나 그 사람이 겪고 있는 정서적, 지적, 사회적 필요를 도와주는 일은 훨씬 더 어렵다.

신체적인 필요를 채워주는 것은 중요하다. 이는 때때로 도움을 시작하는 첫걸음이 될 수 있다. 신체적인 필요는 매슬로우의 욕구 단계에서 가장 기본적인 요소이며, 생존을 위해 필수적인 것들이다. 하지만 우리가 사람들을 단순히 생존할 수 있도록 돕는 것에 그친다면, 그들이 체계적인 빈곤에서 벗어날 기회를 제공하지 못하게 된다. 웰니스의 다른 요소들을 함께 채워줄 때, 사람들은 단순한 생존을 넘어 빈곤의 굴레에서 벗어날 수 있는 기회를 얻게 된다.

예를 들어, 건강한 음식을 구할 수 없는 식량 사막에서 살아가는 사람들은 신체적 웰니스가 영향을 받는다. 실업률이 높은 지역에 사는 사람들은 재정적 웰니스와 직업적 웰니스가 영향을 받는다. 한부모 가정이 많은 지역에서는 사회적 웰니스가 취약할 가능성이 높다. 교육 시스템이 열악한 지역에 사는 사람들은 지적 웰니스가 영향을 받는다.

이러한 다양한 필요들은 직접 지역사회에 들어가서, 그곳에 사는 사람들의 이야기를 들을 때만 제대로 파악할 수 있다. 우리가 그들의 목소리를 듣고, 그 대화를 통해 필요를 분별할 때, 웰니스의 바퀴를 활용하여 더 나은 해결책을 찾고, 해당 지역사회에 가장 적절한 변화를 만들어 갈 수 있다.

일단 이러한 필요를 파악하면, 나는 이를 해결하기 위해 문제 해결 솔루션을 설계할 수 있다. 신체적인 문제를 해결하려면 무엇을 할 수 있을까? 걷기 모임을 시작할 수 있을까? 체육관을 지을 수 있을까? 기존 시설을 개조할 수 있을까? 사람들을 모아 함께 움직일 수 있는 무언가를 조직할 수 있을까?

영적인 결핍이 있다면, 지역 교회와 협력하여 사람들이 신과 연결될 수 있는 공간을 마련할 수 있을까?

지적 성장의 기회가 부족하다면, 그들이 평생 접해온 것과는 다른 새로운 아이디어와 기회를 소개할 방법은 없을까?

웰니스휠은 먼저 지역사회에 들어가 무엇이 부족한지를 파악할 수 있는 도구를 제공한다. 그다음 이 필요를 충족할 수 있는 창의적인 해결책을 설계할 수 있도록 틀을 제공한다. 모든 공동체는 서로 다르고, 각각

고유한 필요를 가진다. 따라서 각 지역사회에 맞는 맞춤형 접근이 필요하다.

정신건강

이러한 특정한 필요들에 대해 이야기하면서, 나는 의도적으로 정신 건강에 대해 잠시 짚고 넘어가고 싶다. 정신 건강은 웰니스휠의 중요한 요소이며, 많은 사람들이 온전한 삶을 향해 나아가는 데 가장 큰 장애물 중 하나이다. 정신 건강은 복잡하고 광범위한 문제이며, 때로는 명확한 답이 존재하지 않기도 한다. 이는 심리적, 정서적 웰빙을 의미한다. 그리고 누군가의 전반적인 정신 건강이 부족할 경우, 정신 질환이 발생할 가능성이 있다. 흥미로운 점은, 정신 질환은 차별하지 않는다는 것이다.

당신이 아는 누군가, 혹은 어쩌면 당신 자신도 정신 건강 문제를 겪은 적이 있을지도 모른다. 그러나 경제적으로 어려움을 겪거나, 노숙 상태에 있는 사람들과 그렇지 않은 사람들 사이의 차이는 거의 항상 두 가지 요소로 결정된다. 그들을 지지해줄 수 있는 사회적 네트워크(관계망)가 있는가? 적절한 정신 건강 치료를 받을 경제적 능력이 있는가? 이 두 가지가 어떤 사람은 회복의 기회를 얻고, 어떤 사람은 빈곤과 노숙의 악순환에 빠지는 결정적인 요소가 된다.

만약 당신이 불안을 경험하고 있다면, 연락할 수 있는 몇몇 사람이 연락처 목록에 있을 것이라 생각한다. 만약 그렇지 않더라도, 대부분은 상담사를 만날 수 있는 의료 혜택을 가지고 있을 가능성이 크다.

그렇다면, 불안, 우울증, 혹은 다른 정신 질환을 겪으면서도, 이를 도와줄 사회적 네트워크, 교회, 가족이 없다면 어떨까? 건강보험 혜택이 없는 직장에서 일하면서, 정신 건강 문제를 겪고 있다면 어떨까? 정신 질환은 누구에게나 극복하기 어려운 문제이다. 그러나 도움이 없는 상태에서 이겨내는 것은 훨씬 더 어렵다.

교회는 정신 건강 문제를 더 솔직하게 다뤄야 한다. 나는 수많은 정신 건강 관련 자료를 나열할 수도 있다. 그러나 우리가 정말 필요한 것은, 이 문제에 대해 정직하게 이야기하고, 누구나 편안하게 대화할 수 있는 안전한 공간을 제공하는 것이다. 우리는 정신 건강에 대한 대화를 두려워한다. 그리고 정신 건강 문제를 가진 사람들과 소통하는 것에 대해 불편함을 느낀다. 때로 우리는 정신적으로 불안정해 보이는 사람을 돌보는 일이 부담스럽게 느껴질 수도 있다. 하지만 교회에 앉아 있는 사람들, 그리고 우리의 가족들 가운데에도 생각보다 많은 이들이 정신 건강 문제를 겪고 있다. 이것은 단순히 빈곤층이 처한 문제만이 아니다.

다음은 신앙 공동체로서 정신 건강과 관련해서 알아두면 도움이 될 몇 가지 주요 자료들이다.

웹 사이트

aacc.net
counseling.org
hope4mentalhealth.com
mentalhealthgracealliance.org
apa.org

도서

Darkness Is My Only Companion: A Christian Response to Mental Illness by Kathryn Greene-McCreight
Grace for the Afflicted: A Clinical and Biblical Perspective on Mental Illness by Matthew S. Stanford
Moving from Shame to Self-Worth by Edward P. Wimberly
Using Scripture in Pastoral Counseling by Edward P.

Wimberly

Churches That Heal: Becoming a Church That Mends Broken Hearts and Restores Shattered Lives by Doug Murren

Bipolar Faith: A Black Woman's Journey with Depression and Faith by Monica A. Coleman

Troubled Minds: Mental Health and the Church's Mission by Amy Simpson

영상

Creating Caring Congregations by Mental Health Ministries, California-Pacific Annual Conference of the United Methodist Church

Of Two Minds, directed by Douglas Blush and Lisa J. Klein

The Soloist, directed by Joe Wright

A Beautiful Mind, directed by Ron Howard

Frankie & Alice, directed by Geoffrey Sax

Same Kind of Different as Me, directed by Michael Carney

기관

American Psychological Association
Anabaptist Disabilities Network
Center for Spirituality, Theology and Health
Depression and Bipolar Support Alliance
Health Ministries Association
Lift Disability Network
Lutheran Network for Mental Illness/Brain Disorders

Mental Health America
Mental Health Ministries
Mental Illness Network of the United Church of Christ
National Alliance on Mental Illness
NAMI FaithNet
National Association of Catholic Chaplains
National Institute of Mental Health
Pathways to Promise
QPR Institute—Suicide Prevention Training
SAVE: Suicide Awareness Voices of Education
Suicide Prevention Resource Center

　내가 상담학 학위를 공부하는 동안, 나는 한 가지 중요한 사실을 배웠다. *질문하고, 경청하라.* 모든 답을 알 필요는 없다. 사실, 어떤 답도 알 필요가 없다. 그저 답을 찾으려 하기보다, 상대방의 세계에 들어가 그들과 함께하며, 그들의 이야기에 반응하고, 존재해 주는 것만으로 충분하다. 만약 그들이 더 많은 도움이 필요하다면, 그들이 적절한 도움을 받을 수 있도록 도와주면 된다.

좋은 질문들

　몇 주 전, 한 가족이 우리 사무실을 찾아왔다. 그들은 "Love Feeds" 프로그램을 통해 식료품을 받기 위해 온 사람들이었다. 한 부부가 아이와 함께 문을 열고 들어왔는데, 나는 즉시 그들이 그날 방문한 다른 사람들보다 훨씬 더 많이 땀을 흘리고 있다는 것을 알아차렸다. 보통 우리 센터에 오는 사람들의 외적인 모습에 대해 특별히 주목하거나 언급하지 않지만, 이 가족에게서는 뭔가 다른 점이 느껴졌다. 두 살배기 아이조차도 땀을 흘리고 있었다. 그들은 자신을 크리스(Chris)와 애슐리(Ashley)라고 소개했다.

몇 분 동안 이야기를 나눈 후, 나는 이 가족이 단지 기저귀를 얻기 위해 무려 5마일(약 8km)를 걸어왔다는 사실을 알게 되었다. 그리고 아기가 이유식 대신 스파게티 소스를 먹고 있다는 것도 알았다. 나는 그들에게 조금 더 자세히 물었다. 그들은 20대였고, 나는 혹시 도움을 줄 수 있는 가족이 있는지 물었다. 그러나 그들의 부모는 십 대 시절에 모두 세상을 떠났고, 그들은 어린 나이에 성인의 역할을 맡아 스스로를 길러야 했다. 그들은 사실상 자신들만의 힘으로 살아온 것이었다.

시간이 지나면서, 우리 팀은 크리스와 애슐리의 곁을 함께 걸으며 그들을 도울 수 있었다. 우리는 그들에게 운전을 가르쳤고, 운전면허를 취득할 수 있도록 도왔으며, 그리고 기부받은 자동차도 선물할 수 있었다.

이 가족을 돕는 것은 단순히 프로그램을 통해 식료품 두 봉지를 제공하는 것 이상이었다. 하지만 그렇다고 해서 복잡한 14단계 계획을 세워야 하는 것도 아니었다. 모든 것은 몇 가지 질문을 던지는 것에서 시작되었다. 우리는 사람들이 현재 처한 상황이 왜 그런지 이해하기 위한 다음과 같은 질문들을 사용했다.

- 이름이 뭐예요?
- 여기에 얼마나 오래 살았나요?
- 가족이 근처에 살고 있나요?
- 당신을 지지해 주는 공동체가 있나요?

대화는 우정을 쌓고, 공동체를 형성하는 다리가 된다. 이런 사소하고 단순해 보이는 것들이 우리 자신의 영적 빈곤을 치유하는 데에도 중요한 기초가 된다. 이러한 연결을 통해 우리는 서로에게 집과 같은 존재가 되고, 영적인 공동체를 형성할 수 있다.

그들의 이야기와 당신의 이야기

나는 크리스와 애슐리에게 더 많은 질문을 던졌다. 그들의 이야기는 겹겹이 벗겨지듯 점점 더 드러났다. 나는 그들이 어머니의 존재 없이 살아온 아픔을 듣고, 느낄 수 있었다. 그들은 아무도 자신들에게 운전을 가르쳐 준 적이 없었다고 이야기했다. 그 순간, 나는 16살 때 나에게 운전을 가르쳐 주기 위해 시간을 내어준 여러 사람들과 함께했던 기억이 떠올랐다.

그들의 이야기를 들을수록, 나는 그들이 가진 결핍이 얼마나 큰지 더 깊이 이해할 수 있었다. 나는 그들이 얼마나 한정된 환경 속에서 살아가고 있는지 보게 되었다. 그리고 나는 그들이 자신의 아이들에게 무엇을 물려줄 수 있을까 고민하게 되었다. 이 가족의 이야기는 수없이 많은 들려지지 않는 목소리들 중에 하나였고, 그들에게 필요한 것들은 여전히 충족되지 않은 많은 사람들의 현실을 보여주고 있었다.

그들의 이야기를 들으며 내 마음이 무너졌다. 그 이야기를 들을수록, 그들의 이야기 속에서 나 자신의 이야기와 연결되는 부분을 발견했고, 내가 감사해야 할 부분들도 깨닫게 되었다. 우리 각 사람이 갖고 있는 이야기들은 생각보다 훨씬 더 깊은 곳에서 서로 얽혀있다. 만약 당신이 이런 일을 하면서 다른 사람들의 이야기를 들을 때, 마음을 열고 있게 된다면, 자신에 대해 새로운 것들을 듣고 배우게 될 것이다. 그렇게 알게 된 이야기는 당신에게 전에는 알지 못했던 자신을 발견하는 과정이 될 수도 있다.

이것은 고린도후서 5장 17절에서 바울이 쓴 말씀을 떠올리게 한다. "누구든지 그리스도 안에 있으면, 그는 새로운 피조물입니다. 옛 것은 지나갔습니다. 보십시오, 새 것이 되었습니다." (고린도후서 5:17)

나는 나 자신의 영적 빈곤 속에서, 그리스도께서 나를 대신해 개입해 주셨고, 그로 인해 내 삶은 전과 같지 않게 되었다. 그렇다면, 우리는 다른 사람들을 위해 그리스도께서 우리를 위해 하신 일을 어떻게 실천할 수 있을까? 예수님께서 우리를 있는 모습 그대로 보셨듯이, 우리도 사람들을 그들이 있는 자리에서 바라볼 수 있을까? 그리고 단순히 집을 칠해 주거나, 식료품을 나누는 것 이상의 것을 그들에게 제공할 수 있을까?

제 8 장
눈을 씻어 존엄성 보기

몇 달 전, 나는 아내와 함께 시카고 도심을 걷고 있었다. 어느 도시에서나 그렇듯, 노숙인들이 길가에 앉아 동전을 구걸하고 있었다. 그중 한 남성이 내게 다가와 음식을 사줄 수 있냐고 물었다. 나는 누군가가 그렇게 직접 요청할 때마다 멈춰 선다. 근처에 음식점이 있다면, 나는 그곳에 들어가서 그 사람에게 음식을 사준다. 내가 그에게 이름을 묻자, 그는 놀란 듯이 자신의 이름은 줄리어스(Julius)라고 말했다.

우리는 방금 프라이드 치킨 가게를 지나온 참이었다. 그래서 나는 말했다. "자, 갑시다. 여기가 좋겠네요." 나는 문을 열어 주었고, 그가 먼저 들어갈 수 있도록 길을 비켜 주었다. 그러나 우리가 가게에 들어서는 순간, 식당 안에 있던 모든 사람들이 우리를 쳐다보았다. 정확히 말하면, 그들은 나를 본 것이 아니라, 줄리어스를 보고 있었다. 카운터 뒤에 서 있던 직원들의 시선은 너무도 분명했다. 그들은 서로를 쳐다본 후, 다시 줄리어스를 보며 눈살을 찌푸렸다. 그들의 시선은 우리 둘 다를 불편하게 만들었다.

우리는 카운터로 다가갔다. 나는 직원에게 말했다. "이 친구가 원하는 거, 전부 제가 계산할게요." 그리고 줄리어스를 바라보며 물었다. "뭐 먹고 싶어요?"

줄리어스는 치킨을 골랐다. 나는 다시 물었다. "진짜 이거면 충분

해요?" 그는 몇 가지를 더 주문했다.

그러나 카운터 뒤의 직원들은 여전히 불만스러운 표정을 지었다. 그들은 여전히 나에게만 이야기하며 주문을 받았다. 그들의 행동과 속삭임은 줄리어스에게 명확한 메시지를 보내고 있었다. *당신은 여기 있을 사람이 아니야. 여기에는 당신을 위한 자리는 없어. 당신은 여기에 있을 가치가 없어. 여기 있는 우리는 당신을 원하지 않아.* 이 경우에, 줄리어스의 자리가 허락될 수 없었던 그 "여기"라는 곳은 그저 단순한 패스트푸드 식당이었다.

나는 이런 상황에서 화를 참기가 힘들다. 나는 가게 안의 치킨을 몽땅 사서, 길거리에 있는 모든 사람들을 초대하고 싶다. 언젠가, 정말 그렇게 할지도 모른다. 그러나 나는 혼란스럽고, 마음이 아프다. 어떻게 우리는 누군가의 가치를 빼앗고, 그들이 어떤 공간에 있을 권리를 박탈할 힘이 있다고 생각하는 걸까? 우리는 그들의 존엄성을 빼앗으려 한다.

이런 일들은 우리나라뿐만 아니라, 전 세계 곳곳에서 일어나고 있다. 노숙인들이 물 한 잔을 얻거나, 식당에서 화장실을 사용하려 할 때 이런 일이 벌어진다. 여성들이 운전하거나 학교에 가는 것을 법으로 금지하는 나라들에서 이런 일이 벌어진다. 음식을 나누거나 의료 지원을 제공하는 것이 금지된 도시들에서 이런 일이 벌어진다. 우리나라 국경에서 난민 어머니들에게서 자녀를 빼앗는 순간 이런 일이 벌어진다. 우리는 사람들의 존엄성과 가치를 빼앗는다. 그리고 이는 사람을 있는 그대로 *바라보고*, 그들의 존엄성을 인정하는 것과 정반대되는 행위이다.

우리가 우리와 다른 사람들을 판단하고, 편견을 가지며 배척하는 경우는 좀 더 개인적인 수준에서도 발생한다. 이것은 마치, 바리새인들이 자신들의 종교적 틀에 맞지 않는 사람들을 가혹하게 판단했던 모습과 같다. 우리는 사람들을 판단하고, 무시하고, 그들이 우리와 다르다는 이유로 차갑게 대할 때, 그들을 깊이 상처 입힌다. 예수님께서 "네 이웃을 사랑하라"라고 말씀하셨을 때, 그분은 사실 "너와 다른 사람을 사랑하라"라고 명령하신 것이었다.

왜? 자신이 잘 아는 사람을 사랑하는 것은 쉽기 때문이다. 잘 모르는 사람을 사랑하는 것은 훨씬 어려운 일이다.

만약 예수님께서 사람들을 직접 거부하셨다면, 우리는 지금과는 전혀 다른 구원의 모습을 보았을 것이다. 그러나 예수님께서는 우리가 불편해하는 일을 하도록 요구하신다. 우리와 다르더라도, 가장 사랑이 필요한 사람들을 사랑하라고 말이다.

예수님께서는 거의 항상 그 시대의 종교 지도자들로부터 비난받거나 배척당했을 사람들을 인정하고 존중하셨다. 예수님은 하나님의 기준에서 벗어났다고 여겨지던 한 여인을 인정하셨고, 세리들과 함께 식사하셨으며, 열두 해 동안 혈루증을 앓던 여인을 치유하고 위로하셨고, 귀신들린 남자와 대화를 나누셨다. 이들은 모두 예수님께서 이 땅을 걸어 다니시던 그 당시에는 사회적으로 보이지 않는 존재들이었다.

신약성경에는 예수님께서 사회에서 소외된 사람들에게 사랑을 베푸신 수많은 사례들이 기록되어 있다. 예수님의 삶은 우리에게 버림받은 사람들에게 하나님의 사랑을 나누는 방법을 보여주는 모범이 된다.

사람들을 환대하기

애틀랜타에 있는 한 커피숍은 사람을 바라보고, 환대하는 것이 무엇을 의미하는지를 보여주었다. 어느 날, 나는 이 커피숍 바깥에 앉아 있었다. 그때 노숙을 하고 있는 한 부부가 커피숍을 향해 걸어오는 모습을 보았다. 그들이 문을 열고 들어가려 할 때, 나는 속으로 이 가게에서 그들을 내쫓지 않기를 바라며 지켜보았다.

그러나 이곳은 어딘가 달랐다. 내 예상과 달리, 커피숍 직원들은 그 부부를 친절하게 맞이했고, 심지어 커피까지 내어주었다. 나는 충격을 받았다. 나중에 알게 된 사실이지만, 이 커피숍은 경제적으로 어려움을 겪는 사람들을 환대하는 것을 운영 방침으로 삼고 있었다.

나는 또 뉴욕에 있는 한 피자 가게에 대한 기사를 읽었다. 이곳에서는 손님이 피자를 한 조각 살 때마다, 노숙인들에게도 한 조각을 무료로 제공하는 정책을 운용하고 있었다. 나는 이런 이야기를 들을 때마다, 또는 직접 경험할 때마다 가슴이 따뜻해지는 것을 느낀다. 그리고 문득 이런 생각이 든다. 우리 모두가 예수님처럼 사람들을 바라보고, 이 커피숍과 피자 가게처럼 따뜻하게 환대한다면 세상은 어떻게 달라질까? 나는 확신한다. 그것은 우리 사회에서 소외된 사람들이 자신의 존엄성을 인정받는 경험이 될 것이다.

존엄성이란 무엇인가?

존엄성이란 무엇인가? 그리고 그것은 어디에서 오는가? 가장 단순하게 정의하면, 존엄성이란 존경과 명예를 받을 만한 가치가 있는 상태를 의미한다. 나는 존엄성이란 인간이 본래부터 지니고 있는 가치와 존경받을 만한 존재의 근본적인 요소라고 믿는다.

그러나 무엇이 어떤 존재를 가치 있게 만드는가? 우리는 어린 시절 사용했던 작은 장신구나 가족의 유품에 특별한 가치를 부여한다. 이것은 그것이 우리에게 얼마나 중요한 의미를 가지는지에 따라 결정된다. 또한 우리는 대부분의 물질적인 것들에 금전적 가치를 매긴다. 예를 들어, 어떤 자동차는 다른 자동차보다 더 비싸다. 이것이 단순히 기술과 품질의 차이 때문일까? 아니면 BMW가 토요타보다 더 높은 사회적 명성을 가지고 있기 때문일까?

가치와 존엄성은 물질적인 것들과 연결될 수 있다. 그러나 비물질적인 것에 대한 가치는 오직 존엄성만으로 측정될 수 있다. 나는 우리가 이 두 가지 개념을 혼동하는 경우가 많다고 생각한다. 프라이드치킨 가게에서 있었던 일이 그 대표적인 예다. 우리는 사람의 존엄성을 순자산, 외모, 소유물로 잘못 평가하려는 유혹을 받는다.

우리가 바꿔야 할 두 가지가 있다. 개인적으로는 우리가 길을 지나면서 만나는 사람들을 대하는 방식을, 공동체적으로는 이러한 문제를 체계적으로 해결하는 방식을 바꿔야 한다. 이러한 변화가 일어나기 위해, 문화적으로 무엇이 달라져야 할까? 그리고 우리는 어떻게 서로의 가치를 증명할 수 있을까?

이러한 질문을 던질 때, 당신과 나, 그리고 길모퉁이에 앉아 있는 사람도 포함한 모든 창조를 담은 창세기를 떠올린다. 창세기 1장 27절은 이렇게 말한다.

하나님이 자기 형상
곧 하나님의 형상대로 사람을 창조하시되
남자와 여자를 창조하시고(창세기 1:27)

그것은 그저 그 자체로 단순한 진리여야 한다. 우리는 지혜로우신 창조주의 형상대로 지음 받은 존재로서, 본래부터 가치와 존엄성을 지닌다.

그러나 대부분의 사회는 항상 이러한 이상을 진실로 여기지 않았다. 그리고 그 영향은 오늘날까지도 여전히 남아있다.

멤피스로 향하는 걸음

2018년 3월 3일, 나는 두 번째 빈곤 반대 행진(March Against Poverty)을 시작했다. 나는 애틀랜타 도심에 있는 시민권 및 인권 센터(Center for Civil and Human Rights)에서 출발하여, 테네시주 멤피스에 있는 로레인 모텔까지 걸어갈 예정이었다. 이 여정은 400마일(약 640km)이 넘는 거리였으며, 도착 예정일은 4월 4일, 그날은 마틴 루터 킹 주니어(Dr. Martin Luther King Jr.)가 로레인 모텔에서 암살당한 지 50주년이 되는 날이었다. 애틀랜타에서 멤피스로 가기 위해, 나는 조지아, 앨라배마, 미시시피, 테네시의 시골 지역을 지나가야 했다. 아마 이 말이 당신에게는 별 의미가 없을 수도 있다. 만약 그렇다면, 당신은 나와 같은 외모를 가지고 있지 않을 가능성이 크다. 내가 누구인지 잘 모른다면, 나는 아프리카계 미국인 남성이라는 것을 알아두어야 한다. 그리고 이것이 의미하는 바는, 나는 역사적으로 그리고 현재까지도 인종차별적 편견을 가진 소규모 지역사회를 지나가야 한다는 것이다.

어느 날, 나는 조지아주 경계를 막 넘어서 앨라배마의 작은 마을을 지나고 있었다. 그때, 나는 주변에 남부 연합 깃발이 점점 더 많아지는 것을 보았다. 그 순간, 나는 긴장감을 느꼈다. 그것은 깃발 자체에 대한 거부감 때문이 아니라, 남부 연합 깃발이 아프리카계 미국인들에게 무엇을 의미하는지 알기 때문이었다. 유대인들에게 나치 깃발이 학살과 살인을 상징하는 것처럼, 남부 연합 깃발은 아프리카계 미국인들에게 억압과 노예제를 상징한다. 그 깃발을 보면, 나 같은 흑인은 미국에서 수많은 흑인을 탄압했던 짐 크로우 법(Jim Crow Laws)을 떠올리게 된다.

나는 걷기 여정의 절반을 넘긴 상태였다. 발은 지칠 대로 지쳐 아팠고, 나는 지팡이를 사용해 몸을 지탱하며 걸어야 했다. 그날 아침, 한두 시간 정도 걸었을 무렵, 길 앞쪽에서 빨간색과 파란색의 번쩍이는 불빛이 보였다. 경찰이었다. 그들은 나와 함께 걷고 있던 두 사람에게 다가와 차에서 뛰어내리며 총에 손을 올렸다.

그들은 나를 쳐다보며 소리쳤다. "고속도로를 왔다 갔다 하면서 지역사회를 불안하게 만든다는 신고를 받았다!"

그들이 가까이 다가왔고, 나는 몸이 떨리기 시작했다. 이런 상황을 두려워했던 이유가 바로 이것이었다. 나는 순간 머릿속으로 상상했다. "흑인 남성, 도로변에서 경찰 총격에 의해 사망하다." 이 말이 과장되게 들릴 수도 있다. 하지만 그 순간, 나는 내가 경찰들에게 어떻게 반응하느냐에 따라 이 상황이 생사를 가를 수도 있다는 것을 알았다.

나는 천천히 내가 빈곤을 위해 행진하고 있다는 것을 증명하는 뉴스 기사, 보도자료, 기타 증빙 서류들 등을 꺼냈다. 나는 경찰에게 내가 두려워할 존재가 아니며, 흑인 남성이 도로를 걷고 있다는 사실이 정당하다는 것을 보여주기 위해 내가 찾을 수 있는 모든 문서를 내밀었다. 나는 경찰에게 이렇게 말할 수 없었다. "저는 부모입니다. 저는 신앙을 가진 사람입니다. 저는 정의를 위해 싸우는 사람입니다. 저는 비폭력적인 사람입니다." 나는 오직 종이 몇 장을 통해서만 내가 여기에 있어도 된다는 것을 증명해야 했다.

며칠 후, 나는 한 고등학교를 지나고 있었다. 그때, 붉은 흙이 묻은 커다란 빨간색 트럭 한 대가 남부 연합 깃발 스티커를 붙인 채 나를 여러 번 지나쳐갔다. 그 트럭은 결국 내 옆에 멈춰 섰다. 운전석 창문이 열리더니, 흰색 탱크톱을 입은 한 남성이 차창 밖으로 몸을 내밀었다. 그는 나와 눈을 마주친 채 가만히 시선을 고정한 채 바라보았다. 그리고 거칠게 엔진 소리를 울렸다. 나는 그 눈빛을 절대 잊지 못할 것이다. 그것은 시카고 프라이드치킨 가게에서 내 친구가 받았던 시선과 똑같았다. 그것은 넌 여기에 속하지 않는다는 눈빛이었다.

그 남자는 내 의심을 확신시키기라도 하듯, 그는 나를 향해 소리쳤다. "여기선 조심하는 게 좋을 거야, 꼬마야. 네가 어디에 있는지나 아는 거냐?" 그의 목소리가 사라지기도 전에, 온몸에 소름이 돋았다. 그는 거친 엔진 소리와 함께 사라졌고, 나는 먼지 속에서 내 친구 트레이(Trey)와 서로를 바라볼 뿐이었다.

이런 순간마다, 나는 냉혹한 현실과 정면으로 마주하게 된다. 어떤 사람들은 단순히 내 피부색 때문에 나를 싫어할 수도 있다는 현실 말이다. 이것은 인간성을 말살하는 개념이며, 좌절감을 주고, 감당하기도 어려운 현실이다. 나는 이런 상황을 받아들이기 위해, 자주 '왜?'라는 질문을 던진다. 멤피스로 가는 길 동안, 이런 일들은 너무나 자주 일어났다. 그래서 백인 친구 한 명이 한 달 동안 일을 쉬면서 나와 함께 걸어주기로 결심했다. 그의 이유는 나의 안전을 위해서라고 했다.

그렇다면, 왜 나는 경찰에게 나의 존재를 증명해야 했을까? 그리고 왜 그는 내가 자신을 증명해야 한다고 믿었을까? 왜 그 트럭 운전자는 나에게 '조심하라'라고 말했을까? 왜 나는 낡고 먼지투성이인 시골 도로 위에서 단지 인도로 걷고 있다는 이유만으로 이토록 환영받지 못했던 걸까?

당연히, 이런 일들이 일어나는 이유는 수백 가지가 있을 것이다. 어쩌면 내가 절대 이해할 수 없는 이유들도 있을 것이다. 그들이 자란 환경, 그들이 배운 가치관, 그들이 접한 뉴스와 이야기들, 그들이 속한 공동체에서 스며든 편견과 메시지 등 이유는 끝도 없이 많을 것이다. 하지만 그 모든 이유가 무엇이든 간에, 이들은 나를 보기도 전에, 내 이름을 듣기도 전에, 이미 나에 대한 판단을 내려놓고 있었다. 이것이 바로, 인간의 존엄성을 빼앗는 행위이다.

나는 오랫동안 빈곤을 위해 싸워왔다. 그리고 특히 이런 순간들을 겪으며, 나는 흑인들이 기본적인 인권과 존엄성을 인정받기 위해 싸워야 했던 시민권 운동 시대를 떠올렸다. 그때 내 머릿속을 떠나지 않던 마틴 루터 킹 주니어 박사의 말이 있었다. "어둠이 어둠을 몰아낼 수 없다. 오직 빛만이 그럴 수 있다. 미움이 미움을 몰아낼 수 없다. 오직 사랑만이 그럴 수 있다."[1]

그래서 나는 계속 걸었다. 비록 왜 어떤 사람들은 나를 이곳에 속할 수 없는 존재로 여겼는지, 왜 이들이 내 존엄성을 인정하지 않았는지 그 이유를 알 수 없었지만, 나는 멈추지 않고 걸어갔다.

프라이드치킨 가게에서, 그리고 고속도로에서 겪었던 환영받지 못한 순간들은 강렬한 경험이었다. 그러나 더 심각한 것은, 이런 순간들이 반복되면서, 시간이 흐를수록 한 사람의 정체성이 서서히 잠식되어 가는 과정이 진행된다는 것이다.

꼬리표 달기와 그 여파

슈퍼마켓에서 자신이 좋아하는 탄산음료나 초콜릿 바를 쉽게 찾을 수 있는 이유가 무엇일까? 그것은 바로 캔이나 포장지에 적힌 라벨이 그 안에 무엇이 들어 있는지를 알려주기 때문이다. 라벨은 사람들에게도 비슷한 영향을 미칠 수 있다. 그것들은 강력한 힘을 가지고 있으며, 사람들에게 그들이 누구인지에 대한 이야기를 들려주고, 결국 그들이 어떤 사람이 될지를 형성하는 데 큰 영향을 미친다.

당신이 매일 슈퍼마켓에 들어갈 때마다, 누군가가 "이봐, 당신은 여기 있을 자격이 없어"라고 말한다고 상상해보라. 그런 말을 듣고 있는 그 순간, 다른 손님들은 아무런 제지도 받지 않고 자연스럽게 매장을 지나간다면 어떤 기분이 들 것 같은가? 당신은 처음에는 짜증이 날 것이다. 그러나 시간이 지나면서, 누군가가 반복적으로 "당신은 여기에 있으면 안돼"라고 말한다면, 결국 당신도 그것을 믿게 될 가능성이 커진다.

우리는 타인에게 대우받은 대로 내면화하기 쉽다. 그리고 그 신념이 결국 우리의 행동을 통해 표현될 수도 있다. 이것은 자기충족적 예언(Self-Fulfilling Prophecy)이 되지만, 이것은 원래부터 사실이었던 것이 아니고 우리가 그렇게 믿도록 학습된 것이라는 문제가 있다. 나는 이 경험을 개인적으로도 깊이 공감할 수 있다. 내 인생에서, 나는 수많은 라벨을 받았고, 그것들을 극복하기 위해 싸워야 했다.

프라이드치킨 가게에서 여기 있을 자격이 없다는 말을 들은 노숙인은 이제 어떤 공간에서 있어도 된다는 것이 무엇을 의미하는지 고민하며, 자신이 과연 어딘가에 속할 수 있는 존재인지 끊임없이 씨름해야 할 것이다.

내가 피부색 때문에 차별받았을 때, 나 역시 이러한 꼬리표와 싸워야 했다. 고속도로 한복판에서, 나는 고립감을 느꼈고, 외로웠고, 우울했고, 희망이 없어 보였다. 그리고 때로는 그냥 집에 가고 싶고, 나를 환영하는 곳으로 돌아가고 싶다는 생각이 들기도 했다. 어딘가에 속해 있음을 잊어버리는 일은 너무나 쉽다. 그리고 이 문제는 단순히 프라이드치킨 가게에서 쫓겨난 노숙인이나, 고속도로에서 차별을 받은 흑인 남성만의 이야기가 아니다. 이것은 당신의 이야기이기도 하다.

연구에 따르면, 사람들이 자신에 대해 믿는 것이 그들이 성취할 수 있는 것과 스스로 허락하는 한계를 결정하는 데 큰 영향을 미친다고 한다. 수잔 비알리(Susan Biali)는 이렇게 말했다. "세상에는 훌륭하고 능력 있는 사람들이 많지만, 그들 중 많은 이들이 자신에 대해 터무니없는 믿음을 가지고 있다. 그것은 누군가가 그들의 머리와 가슴에 심어 놓은 거짓말 때문이다. 그리고 그들은 너무 오랫동안 그 거짓을 믿어 그것을 의심조차 하지 않으며, 때로는 한 번도 의문을 품어본 적이 없다. 결국, 이 거짓된 믿음은 그들을 어떤 식으로든, 그리고 종종 심각한 방식으로 무너뜨린다."[2] 우리가 다른 사람들에게 이러한 잘못된 믿음을 심어주고 있다면, 그것은 끔찍한 일이다.

당신은 어딘가에 속하지 않는다고 느껴본 적이 있는가? 헬스장에 가면 나만 체격이 왜소한 사람인 것 같고, 이사회에서는 나만 유일한 여성인 것 같고, 테이블에 앉아 사람들이 "우리 가족은 참 잘 지내요"라고 말하는 걸 들으면 내 가족이 겪고 있는 어려움을 솔직하게 말하면 안될 것 같은 느낌을 받은 적이 있는가? 만약 이런 감정들을 스스로 내면화하면, 우리는 결국 그런 자리에 나가는 것 자체를 멈추게 된다. 그리고 나는 그곳에 어울리지 않는다는 생각이 확신으로 이어지게 된다.

그 순간, 우리는 우리 자신의 일부를 잃어버리게 된다. 그리고 조심하지 않으면, 우리 또한 다른 사람들에게 그들이 누구인지, 어디에 속하는지를 규정하려 들게 된다. 그러나 사람들은 우리가 원하는 사람이 되는 것이 아니다. 그들은 우리가 격려해 준 만큼 성장한다.

그렇다면, 우리가 이러한 강력한 영향력을 가지고 있다면, 우리는 그것을 어떻게 사용할 것인가? 어떻게 우리는 다른 사람들의 존엄성을 인정하고, 그들이 자신의 가치를 발견하도록 도울 것인가?

존엄성을 인식하기

나는 이웃집 정원의 잔디를 깎고 있는 찰스라는 남성을 만났다. 그는 근처 교회 뒤쪽 거리에서 노숙 생활을 하고 있었다. 우리는 친구가 되었고, 나는 그가 손으로 무언가를 만드는 데 탁월한 재능이 있다는 것을 알게 되었다. 나는 그를 목공과 공예를 더 깊이 배울 수 있는 사람들과 연결해 주었다. 그는 버려진 나무 팔레트들을 쓰레기통에서 찾아와, 예술 작품과 가구를 만들기 시작했다.

그가 더 많은 작품을 만들수록, 그는 더 많은 일을 하게 되었고, 더 많은 수입을 얻으며, 무엇보다 그가 사랑하는 일을 할 수 있었다. 몇 달 후, 우리는 예술을 사랑하지만 빈곤함과 싸우고 있는 사람들을 위한 아트 쇼를 열었다. 수백 명의 사람들이 그들을 응원하기 위해 전시회를 찾았다. 나는 무대에 올라가, 찰스를 주요 예술가 중 한 명으로 소개했다. 그가 무대 위로 걸어 나오자, 그의 얼굴에는 자부심 가득한 미소가 번졌다. 나는 그에게 마이크를 건넸다. 그는 자신의 작품에 담긴 과정과 의미를 이야기했다. 왜 이런 작품을 만들었는지, 어떤 재료를 사용했는지, 어떤 문구들을 선택했는지 그는 단순히 전시 공간에 초대받은 것뿐만 아니라, 자신의 목소리를 낼 기회까지 얻게 되었다. 그리고 그것은 단지 그의 이야기를 듣고, 그에게 질문을 던지는 것에서 시작되었다.

그날 밤, 수백 명의 사람들이 찰스의 존엄성을 인정했다. 하지만 때로는, 그저 단 한 사람이 이렇게 말해 주는 것으로 충분할 때도 있다. "나는 당신을 보고 있어요. 나는 당신의 이야기를 듣고 있어요. 당신은 여기 있을 자격이 있어요." 그것이 우리가 모두 듣고 싶어 하는 말이 아닐까?

예수님은 사람들을 이렇게 대하셨다. 예수님은 우물가의 여인과 대화를 나누셨다. 당시 사회에서 그런 관계는 경멸받는 것이었다. 예수님은 오병이어를 가져온 소년을 조롱하지 않으셨다. 그 적은 양의 빵과 물고기가 수천 명을 먹이기에 부족해 보였지만 말이다. 예수님은 자신을 체포하던 군인의 귀가 잘렸을 때도, 그를 치료하셨다. 예수님은 십자가 위에서 죽어가던 강도의 말을 들으셨고, 이렇게 말씀하셨다. "오늘 네가 나와 함께 있으리라."

그리스도인으로서, 우리는 모든 사람이 존엄성을 가지고 태어났다고 믿는다. 우리는 창조주의 손길로, 세심하게 사랑으로 지어진 존재들이다. 그렇기에, 우리는 모든 사람을 공정하게 대하고, 사랑해야 한다.

야고보서 2장에서는 이렇게 말한다.

나의 형제자매 여러분, 여러분은 영광의 우리 주 예수 그리스도를 믿고 있으니, 사람을 차별하여 대하지 마십시오. 이를테면, 여러분의 회당에 화려한 옷을 입은 사람이 금반지를 끼고 들어오고, 또, 남루한 옷을 입은 가난한 사람도 들어온다고 합시다. 여러분이 화려한 옷차림을 한 사람에게는 특별한 호의를 보이면서 "여기 좋은 자리에 앉으십시오" 하고, 가난한 사람에게는 "당신은 거기 서 있든지, 내 발치에 앉든지 하오" 하고 말하면, 바로 여러분은 서로 차별을 하고, 나쁜 생각으로 남을 판단하는 사람이 된 것이 아니고 무엇이겠습니까?
사랑하는 형제자매 여러분, 들으십시오. 하나님께서는 세상의 가난한 사람을 택하셔서 믿음에 부요한 사람이 되게 하시고, 하나님을 사랑하는 이들에게 약속하신 그 나라의 상속자가 되게 하시지 않았습니까? 그런데 여러분은 가난한 사람을 업신여겼습니다. 여러분을 압제하는 사람은 부자들이 아닙니까? 또 여러분을 법정으로 끌고 가는 사람도 부자들이 아닙니까? 여러분이 받드는 그 존귀한 이름을 모독하는 사람도 부자들이 아닙니까?
여러분이 성경을 따라 "네 이웃을 네 몸같이 사랑하라"는 으뜸가는 법을 지키면, 잘하는 일입니다.
(야고보서 2:1~8)

우리의 믿음과 직면하기

우리는 우리의 기본적인 사고방식을 어떻게 바꿀 수 있을까? 어떻게 하면 길거리에서 비를 맞고 앉아 있는 노숙인, 혹은 커피를 주문하는 여성을 볼 때, 그들 모두에게 동등한 존엄성을 부여하는 시각을 가질 수 있을까?

첫째, 우리의 생각을 점검하고, 자각해야 한다. 우리는 자신의 생각을 점검해야 한다. 왜냐하면, 우리의 일부 생각은 우리가 경험한 환경과 주변 사람들의 행동을 통해 형성되었기 때문이다. 우리가 부적절하다고 여긴 행동을 본 적이 있거나, 그것을 반복적으로 경험했다면, 그에 대한 편견이 자리 잡을 가능성이 크다. 습관적으로 사는 것과, 의도를 가지고 사는 것은 다르다. 우리가 옳다고 아는 것을 실천하는 삶과, 죄로 인해 하나님의 뜻을 놓치는 삶은 다르다. 우리는 자신과 다른 사람들과 함께하는 순간에 떠오르는 생각들을 점검해야 한다. 그것이 우리가 도전해야 할 부분이다.

우리는 우리 안에 학습된 편견과 죄를 인식하고, 그것에서 벗어나기 위해 과감하게 한 걸음을 내디뎌야 한다. 특히 이러한 편견이 우리의 깊은 내면에 자리 잡고 있다면, 더욱 적극적으로 이를 깨뜨려야 한다.

둘째, 일곱 번 반복하여 '왜?'를 질문하라. 나는 어떤 생각이나 고정관념의 뿌리를 찾는 가장 효과적인 방법 중 하나가 '왜?'를 일곱 번 반복해서 묻는 것이라는 것을 발견했다. 이 방법은 우리가 가진 편견을 해체하고, 더 깊이 있는 이해를 할 수 있도록 돕는다. 다음과 같은 대화를 가정해 보자.

나는 저 노숙인가 게으르고 일하기 싫어한다고 생각해.
왜 그렇게 생각하나요?
그에게는 직업이 없잖아.
왜 그는 직업이 없을까요?

아마도 신분증(ID)이 없어서 취업할 수 없기 때문이겠지.
왜 그는 신분증이 없을까요?
그의 가방이 도난당하면서 신분증도 함께 잃어버렸대.
왜 그의 가방이 도난당했을까요?
그는 쉼터에서 지냈고, 그곳의 사람들은 생존을 위해서만 살고 있는 상황이었기 때문에, 그의 물건을 훔쳐 갔어.
왜 쉼터의 사람들은 생존을 위해서만 살고 있었을까요?
그들은 며칠 동안 먹지도, 제대로 자지도 못했기 때문이야.
왜 그들은 먹지도 자지도 못했을까요?
그들에게는 도움을 요청할 사람이 아무도 없기 때문이지.
왜 그들에게 도움을 요청할 사람이 없을까요?
그들은 내가 받았던 것과 같은 지원 시스템이나 기회를 누리지 못한 것 같아.

이렇게 일곱 번 '왜?'를 묻고 나면, 우리는 처음 가졌던 부정적인 시각이 얼마나 피상적인 것이었는지 깨닫게 된다. 그리고 더 깊은 이해와 공감으로 그 상황을 바라볼 수 있게 된다.

셋째, 부정적인 생각을 보다 온전한 시각으로 대체하라. 우리가 이전의 편견 어린 답변들을 판단과 정죄의 자리에서 벗어나, 섬김과 이해의 자리로 전환한다면 어떨까? 우리는 단순히 표면적인 평가를 내리는 대신, 그 사람의 현실을 보다 깊이 이해할 수 있는 태도를 가져야 한다. 그리고 그렇게 된다면, 우리는 그들을 도울 수 있는 방법을 찾아 나설 수 있을 것이다.

존엄성은 어렵지 않다

　　30대 초반의 한 농구 코치가 자기 팀 전체를 우리 센터로 데려와 지역 공동체를 돕는 봉사에 참여했다. 사람들은 필요한 물품을 받기 위해 줄을 서 있었고, 그들 중 한 남성은 셔츠를 입고 있지 않았다. 음식과 옷을 받기 위해 줄을 선다는 것은, 자존심을 내려놓아야 하는 일이다. 많은 사람들에게 그것은 어려운 자리, 혹은 수치스러운 순간처럼 느껴질 수도 있다.

　　코치는 셔츠를 입지 않은 남성을 보더니, 선수 한 명에게 말했다. 차로 가서 여분의 셔츠를 가져오라고 했다. 아이가 뛰어가서 셔츠를 가져오는 동안, 코치는 자신이 입고 있던 셔츠를 벗어 그 남성에게 입혀 주었다.

　　잠시 후, 우리가 그 노숙인과 함께 앉아 있었을 때 그가 말했다. "저기요, 정말 감사합니다." 그는 눈에 눈물이 고인 채 말을 이어갔다. "어젯밤 누군가에게 폭행당했는데, 그들이 내 옷을 빼앗고 셔츠를 찢어 버렸어요."

　　그 코치와 함께 온 학생들은 존엄성을 어떻게 보여줄 것인가에 대한 기본 공식을 배우고 간 것이 아니었다. 대신, 그들은 어디에서든, 어떤 순간이든 존엄성을 인정할 수 있다는 사실을 배웠다. 우리는 단지, 자신을 내어줄 준비만 하면 된다.

　　때때로 타인의 존엄성을 인정하는 데에는 정해진 규칙이나 절차가 필요하지 않다. 그것은 세상을 더 나은 곳으로 만들고자 하는 단순한 마음에서 비롯되는 본능적인 행동일 때가 많다. 그것이 셔츠를 벗어 옷이 없는 누군가에게 건네는 일처럼 말이다. 그리고 그것은, 우리가 어떠한 내적 빈곤을 가지고 있든지 간에, 하나님께서는 여전히 우리를 소중한 존재로 여기시며 예수님이라는 최고의 선물을 주셨다는 사실을 아는 것이다.

　　존엄성은 강력하다. 수많은 사람들이 자신이 가치 있는 존재라는 것을 알지 못한 채 생을 마감했다는 사실이 나를 두렵게 만든다. "사랑한다," 그리고 "너는 소중한 존재야"라는 말을 한 번도 들어보지 못한 사람들이 아직도 너무나 많다.

예수님을 닮아가기를 원하는 사람들로서, 우리는 더 이상, 세상에서 보이지 않고, 목소리를 내지 못하고, 가치 없는 존재로 여겨지는 사람들에게 이 메시지를 전하지 않고 하루를 보낼 수 없다. 그들은 사랑받고 있고, 우리에게 보이고 있으며, 충분히 가치 있는 사람이라는 메시지를 말이다.

제 9 장
함께 만들어가는 공동체

　　　　나는 영화를 정말 좋아한다. 영화는 항상 나에게 현실을 벗어날 수 있는 도피처가 되어주었다. 그들이 이야기를 풀어가는 방식, 그리고 나를 하나의 여정으로 이끄는 힘은 언제나 나에게 영감을 준다. 넷플릭스에서 *제국의 꿈(Imperial Dreams)*이라는 영화를 보았다. 이 영화는 막 감옥에서 출소한 젊은 아프리카계 미국인 청소년의 이야기를 그려간다. 그는 자신을 감옥에 가게 했던 과거와 다른 삶을 살겠다고 결심한다. 그는 아들과 가족과 다시 재회하지만, 여전히 같은 환경 속에서 살아가야 한다는 점이 그를 변화하기 어렵게 만든다.

　　　　이 이야기는 내 마음속에 깊이 남았다. 영화 속 청년은 다른 삶을 살기 위해 필사적으로 싸운다. 그는 가족이 속한 갱단과 엮이지 않기 위해 차 안에서 잠을 자는 것까지 감수한다. 그러나 그는 전과자라는 이유로 직업을 구하는 것조차 힘들다. 그는 양육비를 완납할 때까지 운전면허를 받을 수 없다는 사실을 듣는다. 하지만 신분증이 없으면 직업을 구할 수도 없다. 이처럼, 우리 모두 당연하게 여기는 기회를 가지는 것이 그에게는 너무나도 어려운 일이었다.

　　　　이 이야기를 보면서 나는 문득 궁금해졌다. 만약 이 청년이 특권층의 공동체 속에 놓였더라면 어땠을까? 만약 그가 취업을 도와줄 수 있는 누군가를 알고 있었다면? 자신과 비슷한 배경을 가졌지만, 새로운 삶을 성공적으로 개척한 멘토가 있었다면? 뭔가 달라졌을 수도 있지 않을까? 그는 자신이 자라온 환경과는 다른 삶을 선택할 수 있다는 것조차 전혀 알지 못했다. 그에게는 안전한 공간에 연결될 방법도 없었고, 그가 더 나은 삶을 살기를 바라는 사람들과 함께할 기회도 없었다.

이 청년의 이야기는 내 이야기가 될 수도 있었다. 나는 젊은 아프리카계 미국인으로서 갱 활동에 연루되었고, 한 번의 실수로 감옥에 가게 되었다. 다행히도, 내가 침입했던 가게의 주인에게 어머니가 간절히 부탁했고, 결국 혐의가 취하되었다. 하지만 만약 내가 감옥에 갔더라면? 내 삶은 지금과는 전혀 다른 모습이었을 것이다.

내가 감옥에서 보낸 하룻밤 동안, 나는 구금된 공간에서 한 중년 남성을 만났다. 그는 나를 바라보며 말했다. "넌 왜 네 삶을 낭비하고 있니? 여기서 나가서 제대로 살아. 교회로 돌아가." 그 말을 듣고, 나는 간절한 마음으로 기도했다. "하나님, 만약 이번에 혐의가 풀린다면, 제 삶을 바꾸겠습니다." 나는 이런 기도가 항상 응답되는 것은 아니라고 생각한다. 하지만 절박한 순간에 드리는 기도는 하나님의 마음속에서 특별한 자리를 차지하고 있다고 믿는다.

나는 혐의가 풀린 후에, 그 순간 내 삶의 방향을 바꾸기로 결심했다. 나는 파티를 즐기는 것을 그만두었고, 예전 친구들과 어울리는 것을 멈추었다. 새로운 출발을 위해, 내가 살던 곳까지 바꾸었다. 나는 교회로 돌아갔고, 나를 가족처럼 받아들이고 새로운 삶을 개척할 수 있도록 도와준 공동체를 만났다. 그곳에서 나는 내가 오랫동안 찾아 헤매던 집을 발견했다. 이것은 내 인생에서 엄청난 변화였고, 만약 강한 공동체가 내 곁에 없었다면, 이 변화는 불가능했을 것이다.

내 삶이 바뀌는 경험을 한 이후, 나는 공동체 없이는 삶의 근본적인 변화가 불가능하다고 확신하게 되었다. 하나님께서는 우리가 서로 함께 살아가도록 창조하셨다. 우리는 혼자서는 우리가 살아가야 할 방식대로 살아갈 수 없다.

공동체 찾기

우리는 세상이 시작되었을 때부터 부족과 공동체 속에서 존재해왔다. 창세기에 등장하는 바벨탑 이야기를 보면, 하나님께서는 모든 사람들을 그들의 언어에 따라 흩어지게 하셨다. 그리고 오늘날 우리는 여전히 분열된 세상 속에서 살아가고 있다. 하지만 하나님께서는 우리가 고립된 존재가 아니라, 공동체 속에서 살아가도록 창조하셨다.

나는 공동체 안에서 존재하는 방법에는 세 가지가 있다고 생각한다. 우리는 공동체 안에서 태어날 수 있다. 우리는 공동체를 찾아갈 수도 있다. 우리는 공동체를 직접 만들 수도 있다.

출생 공동체(*Community of our birth*). 나는 아프리카계 미국인 남성으로서, 아름답고, 영감을 주며, 서로를 북돋아 주는 공동체의 일부가 될 기회를 얻었다. 이 공동체에서는 우리 중 한 사람이 성공하면, 모두가 함께 성공한 것처럼 기뻐한다. 수많은 장애물과 반대를 극복하며 서로 묶여 있는 사람들. 이것이 내가 태어난 공동체이며, 나는 그 일부가 된 것이 자랑스럽다.

어린 시절에, 나의 할아버지이신 칼튼 요크(Carlton York)가 들려주신 이야기들을 기억한다. 그분은 분리된 학교에 다녀야 했던 경험을 이야기해 주셨다. "유색인종(colored)"이라고 적힌 식수대에서만 물을 마셔야 했던 일을 이야기해 주셨다. 이 공동체에서 내가 형성되었다. 나는 이 이야기의 일부이며, 이것이 나를 오늘의 나로 만든 것이다.

스미소니언(*Smithsonian*) 잡지에 실린 미국 도시의 인종 분리에 대해 다룬 케이티 노짐바뎀(Katie Nodjimbadem)의 기사에서, 그녀는 이렇게 설명한다.

> 법의 색깔: 미국 정부가 어떻게 인종 분리를 조장했나?(*The Color of Law: A Forgotten History of How Our Government Segregated America*)에서, 경제정책연구소의 연구원 리처드 로

스테인(Richard Rothstein)은 미국 도시의 인종적 조직화 상태가 단순히 개인적인 편견의 결과가 아니라는 것을 밝히려 한다. 그는 지난 100년간 시행된 정책들을 분석하며, 오늘날까지도 영향을 미치는 미국 도시의 인종 분리 구조가 어떻게 형성되었는지를 설명한다.[1]

대공황 직후, 미국에서는 *레드라이닝(redlining)*이라는 관행이 도입되었다. 이것은 미국 도시들을 인구 통계에 따라 구분하는 방식이었다. 그리고 특정 지역의 주민들에게 체계적으로 서비스 제공을 거부하는 정책이었다. 대부분 이런 차별을 받는 지역은 인종에 의해 정의되었다. 은행들은 이 지도들을 활용해 아프리카계 미국인들에게 주택 대출을 거부했다. 일부 기업들은 보험이나 의료 서비스 제공을 거부하기도 했다. 레드라이닝은 소수 인종을 차별하는 시스템이었고, 그 부정적인 영향은 오늘날까지도 이 공동체를 따라다닌다. 시카고 연방준비은행(Federal Reserve Bank of Chicago)이 "레드라인 지도(redline maps)" 데이터를 분석한 결과, 50년이 지난 후에도 인종적 분리, 주택 소유율, 주택 가치, 신용 점수 등에 레드라이닝의 영향이 남아 있다는 것이 밝혀졌다. 연구자들은 이 지도들만이 불평등을 만들어낸 것은 아니라고 말하지만, 그 결과가 자기충족적 예언(self-fulfilling prophecy)처럼 작용한 것은 분명하다.

그리고 이 레드라이닝의 유산은 여전히 내가 태어난 공동체를 영향을 미치고 있다.

하지만 우리가 태어난 공동체는 단순히 우리의 이웃이나 도시만을 의미하지 않는다. 어떤 사람들은 해체되거나 기능이 제대로 작동하지 않는 가정에서 태어났다. 어떤 사람들은 특권 속에서 태어났고, 또 어떤 사람들은 극도의 빈곤 속에서 태어났다. 어떤 사람들은 다양한 인종과 문화가 섞인 환경에서 자랐고, 또 어떤 사람들은 단일한 문화 속에서 성장했다. 우리는 태어나면서부터 특정한 종교적 배경과 신념 체계를 물려받

앉다. 그리고 자라면서 그것을 수용하거나, 거부하거나, 변화시키기도 한다.

사회학자 조지 허버트 미드(George Herbert Mead)는 마음과 자아(mind and self)는 사회화 과정(social process)의 결과로 형성된다고 주장했다.[2] 그는 사람들이 자기 자신을 바라보는 방식은 상당 부분 다른 사람들과의 상호작용에 의해 결정된다고 보았다.

그렇다면, 우리는 자신에게 질문을 던져야 한다. 내가 태어난 공동체는 내 삶에 어떤 영향을 미쳤는가? 그리고 그것이 내가 원하는 미래와 어떤 관련이 있는가?

우리가 발견하는 공동체(Community we find). 우리가 태어나는 공동체 외에도, 우리가 찾아가는 공동체가 있다. 나는 고등학교와 대학 시절, 파티에서 만나거나 갱과 관련된 친구들 사이에서 나의 공동체를 찾았다. 그러나 20대 초반, 내 삶의 방향을 바꾸고 대학을 마치기로 결심했을 때, 나는 교회에서 새로운 공동체를 찾게 되었다. 내가 다시 교회로 돌아간 과정은 사람들이 흔히 생각하는 것과는 달랐다. 나는 헐렁한 옷을 입고 마리화나를 피우다가, 다음 주에는 정장을 입고 거룩한 기독교인이 되는 식의 과정이 아니었다.

어느 일요일, 나는 애틀랜타로 돌아온 직후 교회 맨 뒷자리에 앉아 있었다. 나는 교회를 의심하면서도, 사람들과 함께 있고 싶다는 간절한 마음으로 예배를 듣고 있었다. 그때 목사님이 예수님은 죄인들의 친구셨다고 말했다. 그 순간, 나는 내가 바로 그 죄인들 중 하나라는 사실을 깨닫고 웃었다. 그러나 나는 계속해서 들었다. 목사는 예수님이 받아들이신 사람들의 예를 들었다. 간음한 여자, 세리, 예수님이 마땅히 미워해야 한다고 여겨졌던 다양한 문화적 배경의 사람들. 나는 마음을 열어 보기로 했다.

그리고 문득 이런 생각이 들었다. *"와, 저 목사는 저기 서서 이 많은 사람들에게 이야기하고 영향을 줄 수 있구나. 나도 언젠가 저렇게 할 수 있을까?"* 예배가 끝난 후, 나는 목사님에게 다가가 내 소개를 했다. 그는 나에 대해 더 물어보았고, 나는 당시 하고 있던 스포큰 워드(Spoken Word) 시(문자를 읽기만 하는 시가 아니라, 무대 위에서 강한 메시지를 전달하는 살아있는 시, 역자 주)에 대해 이야기했다. 나는 내가 처한 다양한 상황들을 표현하고 설명하는 방식으로 스포큰 워드를 사용하고 있었다. 목사는 내 전화번호를 물었고, 우리는 그렇게 헤어졌다.

그리고 몇 달 후, 1월 말, 목사가 전화를 걸어 나에게 흑인 역사의 달(Black History Month)을 위해 3분짜리 스포큰 워드 작품을 준비해 줄 수 있는지 물었다. 나는 너무 기뻐서 이미 가지고 있던 작품 중 하나를 수정했다. 그 작품의 제목은 *회상(Throwback)*이었고, 우리 흑인 조상들을 기억하는 내용을 담고 있었다.

그 후, 나는 세 번의 예배에서 이 작품을 공연했다. 그리고 그 예배의 총참석자는 만 명이 넘었다. 나는 그토록 많은 사람들 앞에서 처음으로 말을 하게 된 순간을 잊지 못한다. 공연 직전, 나는 땀으로 축축해진 손바닥을 검은색 청바지에 계속 문지르며, 긴장된 숨을 고르고 있었다. 그리고 무대에 섰다. 나는 공연의 순간을 거의 기억하지 못한다. 하지만 그 후의 순간만큼은 선명하다. 기립 박수가 터져 나왔다. 세 번의 예배에서, 나는 세 번 모두 기립 박수를 받았다. 하지만 그보다 더 중요한 것이 있었다. "나는 받아들여졌다." 그 순간, 나는 집에 온 것 같았다. 그것은 하나님의 가족이었다.

여기에 그 시를 소개한다.

회상(Throwback)이라는 단어는
"부족함(lack)"의 자리보다 더 먼 과거로 되돌아간다.
거리들과 마약들,
유행했던 저지들과 모자,
그러나 회상이란 단어는 그 오래된 무덤, 그 옛 노예들과도 같다.
그들은 우리를 위해 길을 닦았고,
날마다 힘겹게 일했다.

난 말하고 싶다.
우리 여기까지 오는 데는,
누군가가, 또 누군가가, 그리고 또 누군가가
길을 닦아야 했다.
나는 오늘 이곳에 서서,
흑인으로서 자랑스럽게 외친다.
함께 회상 해보자.
그들의 목소리를 들어보자.
오래된 시대의 노예들이 말한다.
그들의 시대가 말한다.
"이삭, 주인이 말했어,
　우린 저 목화밭을 깨끗이 수확해야 한다고 했어.
　겨울이 다가온다고 말이야."
"이삭! 이삭, 일어나, 이삭!"
"들려, 메이…
　하지만 오늘은 정말 일할 수 없을 것 같아.
　목도, 등도 너무 아파…"
내 조상들은 MTV에 나오는 집을 가졌어야 했고,
플랫스크린 TV 몇 대쯤은 있었어야 했으며,
V-103 라디오에서 노래 한 곡쯤은 나왔어야 했다.
그들의 목과 등,
그들이 견뎌낸 채찍질과,
그들이 쏟아부은 노동
그들이 그렇게 고통을 견디고,
길을 닦아 놓았기에 우리가 여기 서 있는 것인데
그런데 우리는 회상을
그저 저지와 모자로만 기억한다.
아니, 우리는 다시 돌아가야 한다.

말콤 X와 마틴 루터 킹을 떠올려 보자
모든 목소리를 높여 노래하라.
로자 파크스를 기억하라.
그리고 말하라 "난 피곤하다. 자리에서 일어나지 않겠다!"
그리고, 우리가 자주 잊고 있는
위대한 흑인 발명가들을 떠올려 보자.
그들은 우리가 앉아 있는 이 의자를,
우리가 잠드는 침대를 발명했을지도 모른다.
나에게
회상이란 곧 흑인이다.
왜냐하면, 흑인은 대담하고(Bold)
흑인은 아름답고(Beautiful)
흑인은 지혜롭고(Smart)
흑인은 모든 것이며,
그리고 흑인은…
내가 한 번 싸운 후, 눈에 멍이 들었을 때의 색이기도 했으니까.
지금, 백인, 히스패닉, 아시아인 형제들에게 무례하려는 건 아니다.
여러분도 여전히 내 관심과 사랑의 대상이다.
하지만 기억하라.
흑인들은 기도의 명단을 가지고 있었다.
더 긴 분배 목록을 가지고 있었다.
400년간 이어진 노예의 고랑을 가지고 있었다.
사탄에게서 온 저주를 겪어야 했다.
수백만의 흑인 어머니들이 아이들의 아버지 없이 살아가야 했다.
수많은 흑인들이 Section 8(저소득층 주택 보조 프로그램)에
    의존해야 했다.
그리고 너무나 많은 흑인들이 범죄 기록과 수감자 명단에 올랐다
이 명단은 멈추지 않는다.

계속해서, 계속해서 이어진다.
기억하는가, 그 회상 노래를?
"우리는 극복할 것이다."
자유는 울려 퍼졌다,
어느 정도는
그러나 우리가 서로 돕고, 경쟁을 멈춘다면
그 자유는 더욱 확실해질 것이다.
다시 말한다.
"우리가 서로 돕고, 경쟁을 멈춘다면
　　자유는 진정으로 울려 퍼질 것이다."
지금,
나에게 회상이란,
스스로에게 진실한 것,
그리고 자신이 어디에서 왔는지를 절대 잊지 않는 것이다.
왜냐하면, 자아에는 가격표가 달려있지 않으니까.
그것이 바로 회상이다.[3]

　모두가 일어서서 나 같은 사람에게 박수를 보내는 순간이 처음에는 이상한 느낌이었다. 이것은 내가 처음으로 나의 역사와 공동체를 연결하려고 시도한 순간이었다. 몇 달 전만 해도, 나는 토요일 밤마다 술에 취하고 마약을 하던 사람이었다. 그런데 지금은 무대 위에서 스포큰 워드를 통해 내 가장 깊은 고통과 투쟁을 나누고 있었다. 그리고 이 사람들은 그럼에도 불구하고 나를 받아주었다. 이 공동체는 나를 있는 그대로 받아들였다. 내가 누구인지 내가 어떤 어려움을 겪었는지 어디에서 왔는지 이 공동체는 그 모든 것을 포용했다. 그리고 그것은 내 인생을 완전히 바꿨다.
　무대에서 내려오자, 사람들은 내게 이렇게 말했다. "넌 정말 여러 곳에 가게 될 거야. 너는 정말 뛰어난 소통의 재능을 가졌어. 이 재능을 젊은 세대와 나눠야 해." 나는 처음으로 내가 가진 능력에 대해 공동체로부터 인정받고 지지받았다. 그들은 나에게 내가 가치 있는 것을 가지고 있고, 나의 고통조차도 사람들에게 긍정적인 영향을 주는 데 쓰일 수 있다고 말해 주었다. 그 순간, 내가 찾아온 공동체가 나의 목적을 발견하는 데 도움을 주었다는 것을 깨달았다.

이 공동체 안에는 나를 위해 일자리를 찾아준 사람들이 있었고, 내가 대학을 마칠 수 있도록 도와준 사람들이 있었다. 그리고 한 멘토는 내가 학교에 오갈 수 있도록, 무려 1년 동안 자신의 트럭을 빌려주었다. 이 사람들은 내가 가치 있는 존재이며, 투자할 만한 사람이라는 것을 보여 주었다. 나는 그들과 함께하며, 그들의 말을 믿기 시작했다.

나는 우리가 공동체 속에서 살아가고, 그 공동체를 성장시키는 책임을 가지고 있다고 생각한다. 좋은 공동체는 우리를 우리가 되고 싶은 사람으로 비상하도록 돕는 강력한 힘을 가진다. 물론, 어떤 공동체는 그 반대의 영향을 끼치기도 한다. 그러나 결국, 우리가 스스로 성장할 수 있는 공동체를 찾아 그 안에서 적극적으로 참여하는 것은 우리의 선택이다.

우리가 만들어가는 공동체(Community we create). 처음 공동체에 대해 글을 쓰라는 요청을 받았을 때, 나는 혼란스러웠다. 내 인생 대부분 동안 나는 어딘가에 속하지 못한다고 느꼈다. 나는 종종 *이방인(Misfit)*이라는 단어를 사용한다. 나는 어린 시절 스포츠를 많이 했다. 내가 자란 공동체에서는 그것이 당연한 일이었다. 하지만 나는 시를 많이 쓰기도 했다. 그러나 나는 훨씬 나이가 들 때까지 그 사실을 거의 누구에게도 말하지 않았다. 왜냐하면 시를 쓰는 것은 여성스러운 것이라고 여겨졌고, 어린 남자아이가 친구들에게 그런 말을 듣고 싶어 하지 않았기 때문이었다. 나는 거리를 떠돌며 세상의 거대한 개념들에 대해 고민했지만, 그 생각들을 공유하지 못했다. 사람들이 나를 이방인으로 여길까 봐 두려웠기 때문이었다.

이런 감정은 내가 추구했던 거의 모든 것에서 계속되었다. 교회는 안전한 공간이었지만, 내가 가졌던 몇몇 생각들은 대부분의 교회 사람들에게 급진적으로 들렸고, 내가 사역을 운영하는 방식이 그들의 방식과 "맞지 않는다"는 말을 들었다. 나는 결국 비영리 단체를 시작했고, 나와 같은 이방인들의 공동체를 만들어갔다.

우리는 다른 사람들과 비슷하지 않다는 이유로 자신을 있는 그대로 드러내는 것을 두려워한다. 하지만 우리는 우리와 같은 이방인들을 만나고 나서야 비로소 자신을 드러낼 용기를 얻는다. 그리고 사회에서 배제된 사람들의 고통을 깊이 경험한 후에야, 그들의 아픔을 이해할 수 있게 된다. 이것이 내가 가난한 사람들, 목소리를 빼앗긴 사람들, 사회적으로 고립된 사람들과 연결되는 방식이다. 나는 혼자가 되는 것이 어떤 느낌인지 안다. 그리고 나는 당신도 그 감정을 알고 있을 것이라 생각한다. 아마도 당신과 길거리에 사는 노숙인 사이에는 생각보다 더 많은 공통점이 있을지도 모른다.

내 친구 데이브 기븐스(Dave Gibbons)는 *열성자들(Xealots)*라는 책에서 우리는 종종 우리의 고통을 비정상적인 것으로 여기지만, 사실 그것은 우리가 가진 초능력이 될 수도 있다고 말했다. 우리는 때때로 우리와 전혀 관련이 없어 보이는 사람들과 공동체를 만들어야 할 순간을 맞이한다. 그때 우리의 고통을 받아들이고, 그 고통이 우리를 아름다운 무언가를 창조하도록 이끄는 원동력이 될 때, 우리는 주변 사람들과 연결될 수 있다.

나는 예수님도 이방인이셨다고 생각한다. 우리는 성경에서 예수님이 회당과 성전에 들어가 탁자를 뒤엎고, 세상이 당연하게 여기는 사고방식을 뒤흔들었던 이야기들을 자주 듣는다. 예수님은 죄인들과 함께했다는 이유로 극단주의자로 여겨지셨다. 그분은 종교 지도자들 대신, 당시 사회에서 소외된 사람들과 함께하셨다. 그리고 그 사람들은 어쩌면 당신과 나 같은 사람들이었을지도 모른다. 예수님은 그런 삶을 몸소 실천하며 사셨다.

나는 다큐멘터리 *목소리를 잃은 사람들(Voiceless)*를 상영하면서, 메노나이트 공동체 근처의 작은 마을을 방문한 적이 있다. 영화를 상영한 후, 우리는 그 지역을 걸으며 둘러보았다. 그곳은 마치 초원의 집

(Little House on the Prairie) 속 마을처럼 보였다. 그곳에서 우리는 돈(Dawn)이라는 여성을 만났다. 그녀는 우리에게 이곳에서는 모든 사람들을 받아들인다고 말하면서, "우리는 노숙인을 만나면 저녁 식사에 초대하고, 그들에게 쉴 공간과 옷을 제공합니다. 우리가 가진 여분의 것들을 나누는 거죠"라고 말했다.

우리 일행 중 한 사람이 놀라서 물었다. "와, 그건 너무 대단한데요. 왜 그렇게 하세요?"

그녀의 대답은 간단했다. "예수님이라면 그렇게 하셨을테니까요."

그녀의 말이 맞다. 우리는 히브리서 2장 10절 같은 성경 구절을 인용하곤 한다. "모든 것은 하나님께 속해 있으며, 모든 것은 그분의 능력으로 창조되었다."(히브리서 2:10) 우리는 신학적으로 모든 것이 하나님께 속해 있다고 말하지만, 우리가 조금 다르게 살고 있지 않은지 의문이 들었다.

만약 우리가 공동체를 대할 때 우리 소유물에 대한 집착 없이 접근한다면 어떨까? 왜 예수님처럼 사는 것이 여전히 급진적으로 들리는 걸까?

지난달, 나는 한 비영리 단체의 대표와 이야기를 나누었는데, 그는 미국 전역에는 충분한 집과 침대가 있어서, 모든 사람들에게 공간을 제공할 수 있다는 말을 했다. 이 말을 들으면 사람들은 종종 놀라면서, "글쎄요, 노숙인들을 집에 들일 수는 없잖아요. 위험할 수도 있죠. 혹시 뭔가를 훔쳐 가면 어떡해요?" 하지만 우리는 에어비앤비(Airbnb)를 통해 낯선 사람들을 우리 집에 들이고, 또한 낯선 사람들의 집에서 머물기도 한다. 그런데 그 목적이 도움을 주는 것이 될 때는 왜 그렇게 이상하게 들리는 걸까?

이런 두려움과 의심에도 불구하고, 나는 더 나은 질문을 던지고 싶다. 그래도 예수님이라면 하시지 않을까? 나는 예수님이라면 그렇게 하셨을 거라고 생각한다. 그러나 그 답은 당신이 직접 예수님께 물어봐야 할지도 모른다.

나는 공동체가 인생의 방향을 바꿀 수 있는 힘을 가지고 있다는 것을 직접 경험했다. 그것은 좋은 방향으로든, 나쁜 방향으로든 작용할 수 있다. 하지만 한 가지 확실한 것은, 단 한 사람만이 영원히 혼자서 긍정적인 변화를 만들어낼 수는 없다는 것이다. 우리는 그렇게 살아가도록 만들어지지 않았다. 마틴 루터 킹 주니어는 이렇게 말했다. "개인은 자신의 좁은 이기적 관심을 넘어서 인류 전체를 위한 더 넓은 관심을 가질 때 비로소 살아가기 시작한다."[4]

그렇다면, 우리는 노숙인들과 빈곤층이 변화를 만들 수 있도록 어떻게 도울 수 있을까? 이것은 결국 지구촌(Global Village)이라는 개념으로 돌아간다. 어쩌면 예수님께서 처음부터 우리를 하나의 창조된 가족으로 보셨기 때문에 이 개념을 잘 이해하셨을지도 모른다.

이런 공동체를 만들기 위해, 두 가지가 확실히 필요하다. (1) 인내해야 한다. (2) 상처받을 각오를 해야 한다.

공동체 안의 사람들에게 인내하라. 그들은 대개 수년 동안 같은 방식으로 살아왔고, 단 몇 주 만에 바뀌지 않는다. 인생의 패턴을 바꾸는 것은 시간이 걸리며, 큰 변화는 복잡하고 어지럽기 마련이다. 밥 고프(Bob Goff)는 그의 책 *사랑은 행동한다(Love Does)*에서 이렇게 말했다. "나는 예전에는 사람들을 고치고 싶었지만, 이제는 그저 그들과 함께하고 싶다."[5]

그리고 상처받아도 된다. 우리는 이러한 일에서 상처를 피할 수 없다. 특히, 우리가 사람들의 삶을 변화시키는 깊은 공동체를 만들려고 할 때는 더욱 그렇다. 나도 이 일을 하면서 상처를 받았다. 그리고 교회에서조차 더 큰 상처를 받기도 했다. 하지만 결국 우리는 모두 인간이다.

결론적으로 말해, 공동체를 만드는 것은 간단하다. 사람들을 사랑하라. 그들에게 음식과 거처를 찾을 방법을 제공하라. 그리고 그들이 자기 삶을 온전히 살아갈 수 있도록 힘을 실어 주어라. 우리는 어떤 공동체를 받아들이고, 어떤 공동체를 만들어갈 것인지 선택할 힘을 가지고 있는 것이다.

제 10 장
균형감 유지하기

사람들은 매년 연말연시가 되면 평소보다 더 관대해진다. 나는 비영리 단체와 교회에서 일하면서, 이렇게 주기적으로 기부 정신이 증가하는 것을 자주 보아왔다. 모든 비영리 단체들은 연말이 되면 더 많은 기부를 요청하고, 기금 모금을 열고, 후원자들에게 연락을 취하느라 분주하다.

몇 년 전 연말 성탄 시즌에 지역 교회의 한 단체로부터 연락을 받았다. 그들은 엄청나게 흥분한 목소리로 이렇게 말했다. "올해 크리스마스 선물을 받지 못할 아이들을 위해 장난감을 사는 기금을 모으고 싶어요!"

"좋아요. 우리 지역사회에 그런 도움이 필요한 아이들이 있…" 내 대답이 끝나기도 전에, 내 말을 끊으며 말했다.

"오, 정말 잘됐네요! 저희가 어떤 장난감을 살지 생각하고 기도하면서, 기금 모금을 시작할게요!"

"알겠습니다."

"좋아요! 곧 다시 연락드릴게요!" 그리고 그녀는 흥분한 나머지 전화를 끊었다. 몇 주 후, 나는 같은 단체로부터 이메일을 받았다. 메일에는 프로젝트의 목표가 전액 후원받게 되었고, 가난한 아이들을 위해 자전거 50대를 구입할 수 있을 만큼 기금을 마련했다고 써 있었다. 그리고 그들은 그 모든 아이들에게 새 자전거를 선물하는 멋진 깜짝 이벤트를 열 계획이라고 했다.

나는 이메일을 읽고 고개를 떨구며 한숨을 쉬었다. 그들의 나눔에 대한 열정은 분명 아름답고 가치 있는 일이었다. 하지만 이 과정에는 많은 것이 빠져 있었다.

그들이 깨닫지 못한 것이 있다. 이 지역의 많은 어린아이들이 자전거를 타는 법을 모른다는 사실, 그리고 그들의 아버지들 중 많은 이들이 미셸 알렉산더(Michelle Alexander)가 뉴 짐 크로우(The New Jim Crow)라고 부른 대규모 수감 시스템의 결과로 감옥에 있다는 사실을 말이다. 그로 인해, 이 아이들은 다른 가족 구성원들에 의해 양육되고 있었다. 하지만 그들 역시 아이들에게 자전거 타는 법을 가르칠 시간도, 자원도 부족했다. 그렇다면, "저소득층 지역"에 사는 아이들에게 새 자전거 50대를 선물하는 것이 과연 그 공동체 안에서 긍정적인 변화와 성장을 만들어내는 방법이었을까?

한편으로, 나는 이 교회 단체가 이 일을 얼마나 의미 있고 특별하게 느꼈는지도 알 수 있었다. 나는 그 단체의 리더가 매주 주일 예배 시간에 올라가서 교인들에게 이렇게 말하는 모습을 상상할 수 있었다. "여러분! 가난한 아이들에게 자전거를 선물하기 위해 기금을 모으고 있습니다! 우리 목표는 자전거 50대입니다. 이 차트가 가득 차는 걸 보면서 우리가 목표를 달성할 수 있을지 지켜봅시다! 오늘 한 아이의 후원자가 되어주세요!"

우리가 잘못된 방향으로 가는 이유는, "누군가 다른 사람에게 좋은 일을 하고 싶다"는 마음 자체가 아니라, 그 일을 바라보는 사고방식 때문이다. 나는 이것을 "체크리스트 사고방식(checklist mentality)"이라고 부른다. 이 사고방식은 우리가 수년 동안 보아온 방식들에서 비롯된다. 더 많은 통조림 음식 기부 행사, 주유소에서 산 선물들로 더 많은 상자 채우기, 가난한 사람들을 위해 더 많은 헌 옷 기부 등 의도는 분명 선하다.

하지만 이런 행사들은 정작 그 도움을 받아야 할 사람들에게 큰 도움이 되지 못하는 경우가 많다. 대신, 그것은 우리에게 "좋은 기독교인이 해야 할 일 목록"에서 한 가지를 지웠다는 만족감을 줄 뿐이다. 예수님께서 가난한 자들을 섬기라고 하셨다. 나는 자전거를 기부했다. 체크 완료.

우리는 공동체에 지속적인 변화를 만들어낼 수 있는 깊이를 놓치고 있다. 그리고 그 대신, 그저 우리 스스로 기분이 좋아지고, 주일 아침 교회 공지에서 멋져 보일 것 같은 일들을 선택한다.

우리가 이러한 만남에서 깊이를 찾거나 만들어내지 않을 때, 우리는 변화를 더욱 어렵게 만드는 악순환을 지속시키게 된다. 이러한 역학 관계는 한쪽이 상대방이 필요로 하는 것이 무엇인지를 일방적으로 결정하는 불균형한 관계를 만들어낸다. 그 안에는 자립할 힘도, 존엄성도 없다. 신뢰할 수 있는 관계도 형성되지 않는다.

체크리스트 사고방식은 예수님께서 전하고자 하신 궁극적인 메시지-너는 사랑받고 있고, 소중하며, 누군가가 너를 보고 있다-를 전달하지 못한다. 대신, 이렇게 말하는 것과 같다. 너는 많은 것이 부족하다. 나는 너보다 더 많이 가지고 있다. 그러니 너에게 필요하지도 않고, 어떻게 사용해야 할지도 모르는 것을 주겠다.

그렇다면 대안은 무엇인가?

이번 경우에서, 이 교회의 사람들이 이 공동체가 무엇이 부족한지를 먼저 물어보았거나, 아이들에게 무엇인가를 사주기 전에 그들과 시간을 보냈다면 더 좋은 결과가 나왔을 것이다. 어떻게 하면 이 아이들이 자신이 사랑받고 있으며, 누군가가 자신을 보고 있다는 것을 느끼게 할 수 있을까? 이를 위해 우리는 무엇을 감당해야 할까? 우리는 배우려는 자세를 가져야 하며, 외부인이 되어 우리만의 의제를 가지고 개입하는 것이 아니라 공동체의 목소리에 귀를 기울여야 한다.

건강한 관계가 형성되는 방식과 마찬가지로, 이것은 시간과 헌신, 그리고 반복적으로 그 자리에 나타나는 것을 요구한다. 체크리스트와 행사 중심의 접근 방식을 버리고, 지속적인 관계를 형성하는 방식으로 사고방식을 바꿔야 한다. 지속 가능한 영향력은 일관된 리듬을 만들어갈 때 발생한다.

우리가 자신과 타인을 떼려야 뗄 수 없는 관계로 보게 될 때, 그들의 고통이 곧 우리의 고통이 되는 순간, 이벤트 중심의 접근 방식은 점차 변화하기 시작할 것이다. 가난을 겪고 있는 사람들을 그저 체크리스트 항목이 아니라, 형제자매와 친구로 바라보는 것이 이 여정에서 가장 중요한 변화의 시작점이다.

리듬을 따르는 우주

창세기 1장 1~2절은 이렇게 말한다. "태초에 하나님이 천지를 창조하셨다. 땅이 혼돈하고 공허하며, 어둠이 깊음 위에 있고, 하나님의 영은 물 위에 움직이고 계셨다."(창세기 1:1-2)

어둠에서 나와서 하나님은 빛과 어둠, 낮과 밤, 해와 달을 창조하셨다. 각각의 피조물은 고유한 시간과 장소를 가지며, 특정한 리듬을 가지고 있었다. 하나님은 또한 우리 삶의 중요한 요소로서 리듬, 패턴, 그리고 시스템을 창조하셨다.

전도서 3장 1절에서도 이러한 리듬과 계절에 대해 언급한다. "모든 일에는 다 때가 있다. 세상에서 일어나는 일마다 알맞은 때가 있다."(전도서 3:1) 예수님도 이러한 리듬 속에서 사역하셨다. 군중들에게 말씀을 전하는 순간이 있었고, 쉬는 순간이 있었으며, 기도하는 시간이 있었고, 제자들과 함께하는 시간이 있었다.

만약 우리가 불의와 불평등을 겪는 사람들을 중요하게 여긴다면, 우리는 그들을 우리 삶의 리듬 속에 어떻게 포함시킬 것인가? 그리고 우리 삶에는 어떤 리듬이 이미 존재하고 있는가?

내 삶에서, 리듬은 내가 이룬 거의 모든 것의 이유였다. 나는 매년 12개월마다 "성장 계획(Growth Plan)"을 작성한다. 그 안에는 무엇을 배울 것인지, 어떻게 성장할 것인지, 어디에서 섬길 것인지, 다음 12개월

동안 무엇을 성취할 것인지 이 모든 것이 포함된다. 그리고 나는 그 목표들을 가능하게 하기 위해 내 일상에 어떤 리듬을 추가할지, 또 어떤 리듬을 제거할지 결정한다.

당신의 삶에는 어떤 리듬이 있는가? 아침에 일어나 커피를 마시고, 출근한 후, 퇴근하고 집에 와서 TV를 보는가? 화요일 밤마다 볼링을 치는가? 배우자와 함께하는 데이트 시간이 있는가?

이미 바쁜 삶에 새로운 리듬을 추가하는 것은 어려운 일처럼 느껴질 수 있다. 그러나 우리의 리듬은 우리의 핵심 가치를 반영한다. 어떤 것이 중요하다면, 우리는 그것을 위해 시간을 만든다. 이러한 리듬들은 죄책감 때문이거나, 단순히 행동을 수정하는 방식으로 추가되어서는 안 된다. 오직 변화된 마음에서 비롯될 때만 이 리듬들은 지속될 수 있다. 만약 우리가 죄책감으로 인해 혹은 단순히 해야 한다는 생각에서 이러한 리듬을 만들어간다면, 우리는 다시 체크리스트 사고방식에 빠지게 되고, 결국 불만과 피로가 쌓일 위험이 있다. 대신, 우리는 이 리듬들을 섬김의 삶 속에 자연스럽게 녹여야 한다.

우리가 내면과 외면의 성장을 추구하려면, 반드시 확실한 균형을 찾아야만 한다. 우리는 자신의 중요한 내적 성장을 위해서는 리듬이 필요하다는 것을 쉽게 알 수 있다. 그러나 우리는 종종 외적인 섬김이 우리를 변화시킨다는 사실을 간과한다. 오늘날 우리는 자기 돌봄(Self-Care), 자기 계발(Self-Help), 개인 성장(Personal Growth)에 집중하며 끊임없이 자신을 돌보는 것에 몰두한다. 그러다 보면 우리는 자신만을 바라보는 존재가 되어버리기 쉽다. 이러한 내면 중심적인 사고방식에서 벗어나기 위해, 우리는 타인을 중심으로 둔 외적 섬김의 리듬이 필요하다. 그러나 반대로, 공동체 활동가들과 지도자들은 외적 섬김에만 집중하는 함정에 빠질 수 있다. 그들은 타인을 돕는 데 너무 몰두한 나머지, 자신의 개인적인 삶과 가족을 소홀히 하다가 결국 번아웃(burnout)이 되고 말 수도 있다.

리듬(Rhythms)은 이 균형을 찾는 가장 쉬운 방법이다. 우리 자신과 삶을 지속적으로 균형 잡아 나가는 것이 우리가 재충전하고, 건강한 영적 삶으로 나아갈 수 있는 길이다.

섬김의 삶

섬김이란 무엇을 의미하는지 다시 정의할 필요가 있을 수도 있다. 어느 여름날, 내 딸 자이온(Zion)이 내 방에 들어와 말했다. "아빠, 나 내일 아빠랑 같이 일하러 가고 싶어요." 그녀는 내가 지역사회를 위한 비영리 센터를 운영한다는 것을 알고 있다.

나는 흥미로워하며 물었다. "집에서 만화를 보거나, 밖에서 놀거나, 비디오 게임 하는 게 더 재미있지 않겠어?"

"아빠랑 일하러 가는 게 나한테는 재미있는 일이에요. 사람들을 돕는 게 재미있어요."

나는 깜짝 놀랐다. 그리고 그 말을 듣고 놀란 나 자신에게도 놀랐다. 딸이 식료품 가방을 포장하고, 옷장을 정리하고, 이발소가 있는 버스를 청소하는 일이 재미있다고 생각한다는 것이 신기했다. 아마도 그녀는, 음식이 없는 가족에게 그 한 끼가 얼마나 의미 있는지, 자기 또래의 아이가 옷을 받는 것이 어떤 의미인지 알고 있기 때문일 것이다. 어찌 되었든, 하나님께서 그녀가 자신의 믿음을 실제적인 행동과 연결할 수 있도록 이끌어 주신 모습을 보는 것은 참으로 즐거운 일이었다. 그녀는 이제 겨우 열 살이다. 그녀가 더 성장했을 때 어떤 일을 할지 기대된다.

그런데, 나는 몇 가지 질문이 생겼다. 왜 우리는 섬김이 즐거운 일이라고 생각하지 않는가? 왜 우리는 사람들과 함께하고, 다른 이들을 돕는 것이 재미있다고 느끼지 않는가? 어떻게 하면 섬김의 활동들을 우리의 삶 속에 자연스럽게 녹아들게 만들고, 그것을 부담스럽지 않게 할 수 있을까?

우리는 이러한 만남이 누군가의 인생에서 가장 의미 있는 순간이 되어야 한다는 과도한 부담을 내려놓아야 한다. 우리는 언제든지 원할 때 사람들과 이러한 만남을 가질 수 있다. 우리가 잠시 멈추고, 사람들에게 관심을 가지는 것만으로도, 우리는 이전에는 보지 못했던 그들의 가치를 발견할 수 있다. 그리고 대다수의 경우, 우리가 섬김을 우리의 삶의 일상적인 리듬으로 만들면, 우리가 만나는 사람들은 우리가 기대했던 것보다 훨씬 더 많은 것을 우리에게 준다.

몇 주 전, 자원봉사자 한 사람이 오랜만에 센터에 방문했다. 나는 그녀에게 그동안 어디에 있었는지 물었다. 그녀는, 일정이 너무 바빠서 정신없이 지냈고, 일과 개인 생활을 관리하려고 뛰어다니다가 결국 벽에 부딪힌 것 같은 기분이 들었다고 말했다. 그녀는 너무 지쳐서, 모든 걸 내려놓고 그냥 사람들과 함께하고, 섬기기로 결심했다고 말했다.

그날 우리는 사람들에게 식료품을 나눠주고 있었다. 나는 잠시 그녀가 한 여성과 대화를 나누는 모습을 보았다. 그러나 다른 일로 인해 그들의 대화를 끝까지 지켜볼 수 없었다. 몇 시간 후, 그 자원봉사자는 내게 다가와 말했다. 그녀는 그 여성과 신앙에 대해 이야기를 나누었고, 그 여성은 자원봉사자를 위해 기도해 주었다.

그 자원봉사자는 안정적인 직업을 가지고 있었고, 그녀를 지지해 주는 가족이 있었으며, 좋은 차를 몰고 센터에 왔다. 그러나 그녀는 자신을 알아봐 주고, 자신을 위해 기도해 준 것이 얼마나 큰 의미였는지를 이야기하며 눈물을 터뜨렸다. 그녀가 가진 외적인 것들은 그녀의 진정한 부를 결정짓지 않았다. 나는 이런 순간들을 매일 볼 수 있는 행운을 가지고 있다. 진정한 관계는 그저 그 자리에 나타나려는 의지가 있는 사람들에 의해 형성된다.

이런 깊은 대화들은 단번에 이루어지지 않는다. 누구도 처음 만난 사람에게 자신의 인생 이야기와 고통, 그리고 짊어진 짐들을 모두 털어놓지 않는다. 신뢰는 시간이 지나야 형성된다. 관계와 변화는 일관성과 의존성이 필요하며, 그 과정에서 진정한 주기적 전환(Cyclical Transformation)이 일어날 수 있다.

한 번에 하나씩

우리가 일관성을 키우고, 악순환을 변화시키기를 꿈꾸기 시작할 때, 우리는 거대한 변화를 만들어낼 책임이 우리에게 있다고 믿게 된다. 나 역시 이러한 부담을 자주 느낀다. 우리는 숫자를 중요시하는 데이터 중심의 사회에서 살고 있다. 소셜 미디어에서 가장 많은 팔로워를 가진 사람은 누구인가? 당신은 얼마를 버는가? 우리는 몇 대의 자전거를 기부했는가? 우리는 숫자를 알고 싶어 하고, 그 숫자가 더 높기를 원한다.

2016년, 나는 애틀랜타에서 워싱턴 D.C.까지 걸어서 갔다. 그리고 2018년, 나는 애틀랜타에서 멤피스까지 걸었다. 첫 번째 여정은 두 달이 넘게 걸렸고, 두 번째 여정은 한 달이 걸렸다. 이것은 극단적인 캠페인이었고, 나는 수백 마일을 걷기 위해 완전히 새로운 리듬을 습득해야 했다. 한편으로는, 전국적인 뉴스가 된 이 거대한 움직임에만 집중하는 것이 쉬웠을 수도 있다. 그러나 나를 무더위와 빗속에서, 위협적인 마을들을 지나며 계속 걷게 만든 것은 그것이 아니었다. 나를 지탱해 준 것은 "한 사람"에 집중하는 것이었다. 오늘, 단 한 사람에게라도 다가갈 수 있을까? 오늘, 단 한 사람의 삶이라도 변화시키는 데 도움을 줄 수 있을까? 오늘, 누군가가 나쁜 상황에서 벗어나는 발걸음을 내딛도록 도울 수 있었을까?

한 사람에 집중하는 것은 나를 중심에 머물게 한다. 만약 단 한 사람의 삶이라도 변화하거나 도움이 된다면, 그것은 충분히 가치 있는 일이다. 예수님은 언제나 한 사람을 위해 행동하셨다. 우물가의 여인을 위해, 걷지 못하는 장애인을 위해, 죽어가는 소녀를 위해. 예수님께서 눈먼 사람을 고치셨을 때, 그에게 이 일을 아무에게도 말하지 말라고 하셨다. 하지만 그 남자는 온 마을에 자신의 변화를 알렸다. 우리가 해야 하는 일은 세상의 모든 문제를 해결하는 것이 아니라, 지금 내 앞에 있는 한 사람의 세상을 변화시키는 것이다. 우리가 매일 나타나며 일관되게 하는 작은 일들이, 주변 사람들의 삶을 변화시킬 수 있다. 우리가 그것을 기꺼이 받아들일 용기만 있다면. 사람들을 섬기고 돕는 방법은 다양하다. 예수님은 사람들의 이야기를 들으셨고, 그들에게 음식을 나누어 주셨으며, 함께 눈물을 흘리셨고, 혼란스러운 상황을 진정시키셨다.

우리 비영리 단체가 처음 시작되었을 때, 마리(Marie)라는 60대 여성이 매주 우리와 함께 봉사했다. 그녀는 내가 만난 사람들 중 가장 활기찬 사람 중 하나였다. 마리는 나보다 더 많은 에너지를 가지고 있었다. 그녀는 꾸준히 봉사 활동을 하면서도, 항상 자신만의 신비스러운 프로젝트를 진행하고 있다고 말했다. 하지만 그 프로젝트가 무엇인지 말해주지 않았다. 몇 달 후, 마리는 센터에 들어오자마자 나에게 다가와 말했다. "좋아요! 이제 시작하려고 해요!"

나는 그녀에게 물었다. "무슨 일을 하려는 거예요?"

그녀는 환하게 웃으며 말했다. "내 프로젝트 말이에요. 한 학생의 대학 등록금을 전액 지원하려고요!"

나는 깜짝 놀라서 되물었다. "네? 뭐라고요?"

"그래요! 저는 평생 조금씩 돈을 모아 왔어요. 돈이 조금이라도 남으면 5달러, 10달러씩 저축했죠. 지난 40년 동안 그렇게 저축해 왔어요. 저는 결혼도 하지 않고 아이도 없었어요. 그래서 별도의 계좌를 만들어 복리 이자가 쌓이도록 놔두었죠."

그러던 중, 마리는 한 젊은이를 만나 그가 어떻게 대학 학비를 마련해야 할지 모르고 있다는 사실을 알게 되었다. 그리고 그녀는 이 아이가 자신이 이 돈을 모아 온 이유라는 것을 깨달았다. 이것은 '한 사람'이 만들어 낼 수 있는 영향력일 뿐만 아니라, 작은 것들이 시간을 보내면서 어떻게 엄청난 차이를 만들어낼 수 있는지를 보여주는 사례이다.

사람들이 당신의 인생을 단 한 문장으로 표현해야 한다면, 그들은 무엇이라고 말할까?

당신은 자신의 자원을 어디에 사용하고 있는가? 당신은 어떤 유산을 남길 것인가? 만약 당신에게 남은 시간이 단 30일뿐이라면, 당신은 무엇을 위해 살아갈 것인가? 당신은 지금 자신의 삶에 만들어 놓은 리듬에 만족하는가?

하나님은 우리에게 한 번뿐인 인생을 주셨다. 그리고 그 인생은 우리가 아는 것보다, 우리가 상상할 수 있는 것보다 훨씬 짧다. 많은 사람들은 언젠가 내 삶을 변화시키고, 더 의미 있는 일을 하려고 한다고 말하지만, 우리가 가진 것은 오직 '오늘'뿐이다. 우리가 매일 쌓아가는 리듬과 습관들이 우리가 살아갈 인생의 방향과 우리가 세상에 남길 영향을 결정한다. 당신은 어디로 가기를 원하는가? 그리고 그 길로 가기 위해 무엇을 할 것인가?

예수님은 위대함으로 가는 길은 섬김을 통하는 것이라며 이렇게 말씀하셨다.

"너희 가운데서 위대하게 되고자 하는 사람은 누구든지 너희를 섬기는 사람이 되어야 하고," (마태복음 20:26)

CONCLUSION
한 사람 한 사람이 중요하다

내가 처음으로 고가도로 아래에서 밤을 지새운 날, 나는 로버트 (Robert)와 이야기를 나누었다. 그는 내가 왜 노숙인들과 함께 지내기로 결심했는지에 대해 물었다. "당신도 알겠지만, 여기 찾아오는 많은 사람들은 대부분 여기에 오면 비누나 옷 같은 물건들을 나눠주고는 해요. 그런데 당신은 이곳에 와서 함께 지내고 있는데, 진짜 이유가 뭐죠?"

나는 대답했다. "나는 이곳에서의 삶이 실제로 어떤 것인지 알고 싶었어요. 내가 직접 경험해 보지 않고서야, 어떻게 효과적으로 도울 수 있겠습니까? 차가운 땅에서 자는 것이 어떤 기분인지, 폭우가 쏟아지는 날 텐트에서 잠을 청하는 것이 얼마나 힘든 일인지 말이죠."

몇 시간 동안 서로를 알아가는 대화를 나눈 후, 그는 자신의 이야기를 들려주었다. 그가 어떻게 거리에서 생활하게 되었는지, 그 길을 걷게 된 과정에 대해 말해 주었다. 그는 십 대 시절부터 노숙 생활을 해왔다. 그의 어머니는 크랙 코카인에 중독되어 있었고, 심지어 그가 어렸을 때 약을 직접 건네주기도 했다. 그의 아버지는 곁에 없었고, 결국 그는 스스로 성장해야만 했다. 20대에 여러 번 감옥을 들락거렸고, 결국 33세가 되었을 때 거리에서 살아가게 되었다. 그리고 그는, 어릴 적 어머니에게서 받았던 그 마약에 자신도 중독되어 있었다.

물론, 그는 몇 가지 잘못된 선택을 했을 수도 있다. 그의 실수들이 결국 그를 감옥에 가게 만들었을 수도 있다. 하지만, 나는 자신에게 물었다. 그에게 더 나은 선택을 할 '실질적인 기회'가 있었을까? 그가 살아온 환경 속에서, '자신과 같은 사람이 다른 삶을 선택할 수 있다'는 가능성을 보여준 사람이 한 명이라도 있었을까? 아마도, 그런 기회는 없었을 것이다.

그렇다면, 이것이 우리에게 의미하는 바는 무엇일까? 나는 예수님 안에서 희망을 발견했던 순간을 떠올린다. 하나님의 은혜로, 누군가가 나에게 다른 선택을 할 수 있다는 것을 보여주었고, 그 덕분에 나는 새로운 삶의 길을 걸을 수 있었다.

나는 우리가 공동체 속에서 살아가도록 창조되었다고 믿는다. 특히, 하나님과의 관계 안에서 존재하도록 만들어졌다. 우리가 영적 빈곤을 경험할 때, 즉, 하나님과의 관계가 단절될 때, 아무리 많은 재산, 사람, 경험을 가져도 그 공허함을 채울 수 없다. 하나님 없이, 세상의 모든 것을 소유하더라도 우리는 여전히 외롭고 고립된 존재가 될 것이다.

나는 이런 종류의 빈곤이 모두에게 익숙한 감정이라고 생각한다. 예수님께서도 길 잃은 한 마리 양에 대한 비유를 통해 이 진리를 말씀하셨다.

> 너희 중에 어떤 사람이 양 백 마리를 가지고 있는데 그중 한 마리를 잃으면, 아흔아홉 마리를 들판에 두고 그 잃은 양을 찾을 때까지 찾아 다니지 않겠느냐? 그리고 마침내 양을 찾으면, 기뻐하며 어깨에 메고 돌아와 친구들과 이웃들을 불러 "함께 기뻐하자! 잃었던 내 양을 찾았다!" 하고 말하지 않겠느냐? 이와 같이, 회개할 필요가 없는 아흔아홉 의인보다 회개하는 한 명의 죄인으로 인해 하늘에서 더 큰 기쁨이 있을 것이다.(누가복음 15:4-7)

우리의 본능적인 사고방식은 이렇게 질문할지도 모른다. "굳이 한 마리를 찾으러 가야 하는가? 이미 아흔아홉 마리가 안전하게 남아 있는 데?" 아마도, 수학적인 논리로는 이해가 되지 않을 것이다. 또는 비즈니스적인 사고방식으로 본다면, *"한 마리는 포기하는 것이 낫지 않나? 오히려 아흔아홉 마리를 더 잘 돌보는 것이 효율적이지 않을까?"* 그러나 다행히도, 하나님은 그렇게 생각하지 않으신다. 만약 하나님께서 효율성의 논리로만 움직이셨다면, 우리 모두는 희망이 없었을 것이다.

이 비유에서 목자는 아흔아홉 마리가 안전하다는 것을 알고, 단 한 마리를 찾기 위해 떠났다. 이것은 곧 하나님께서 특정한 사람만 돌보시는 것이 아니라, 모든 사람을 사랑하신다는 것을 보여준다. 그 사람이 방황하고 있든, 잘못된 선택을 했든, 다리 밑에서 잠을 자고 있든, 펜트하우스에서 살아가고 있든, 하나님께는 차별이 없다. 하나님은 안전한 곳을 떠나, 위험한 상황에 처한 사람을 찾아가신다. 아흔아홉 마리를 남겨두고 잃어버린 단 한 마리를 찾으러 가는 것은 불편한 일이며, 많은 노력이 필요한 일이다. 하지만 한 사람을 찾는 것에는 큰 가치가 있다.

우리는 항상 영적으로 가난한 사람, 취약한 사람, 억압받는 사람을 찾고 도와야 한다. 그 이유는 우리도 한때 그 한 사람이었기 때문이다. 우리 또한 구원이 필요했던 존재였다. 이 사실을 진정으로 이해한다면, 우리는 반드시 누군가를 위한 다리가 되기 위해 나서야 한다.

세상은 한 사람을 중요하게 여기지 않는다. 전 세계적으로 30억 명이 넘는 사람들이 하루 2.50달러 미만으로 살아간다. 이 수치는 너무 커서 우리의 이해를 뛰어넘는다. 우리가 30억 명 모두의 삶을 변화시킬 수 있을까? 아마도 아닐 것이다. 그러나 우리는 우리가 만나는 '한 사람'에게 변화를 줄 기회는 갖고 있다. 그 한 사람도 예수님께서 죽으신 이유가 되는 존재이다. 그렇다면, 우리는 그렇게 살 준비가 되어 있는가?

한 사람은 종종 불편한 존재처럼 느껴진다. 왜 우리는 안전하고 편안한 곳에 있는 아흔아홉 마리를 남겨두고, 잃어버린 한 마리를 찾아야 하는가? 그것은 엄청난 노력과 시간을 필요로 할 수도 있다. 하지만 하나님은 결코 얼마나 많은 노력이 드는가를 기준으로 삼지 않으신다. 그 어떤 노력도 한 사람의 가치보다 더 크지 않기 때문이다.

우리 사회는 한 *사람*을 축하하지 않는다. 일요일 예배에서 누군가 교회에서 일어나 이렇게 발표한다고 상상해 보라. 우리는 자전거 한 대를 마련했습니다! 우리는 한 가정을 위한 식사를 준비했습니다! 이것은 수십 명, 수백 명을 위한 기부와 비교하면 크게 감동을 주는 발표처럼 들리지 않을 수도 있다. 그러나 예수님께서는 비유의 마지막 구절에서 이렇게 말씀하셨다. "회개할 필요가 없는 의인 아흔아홉보다, 회개하는 죄인 한 사람을 두고 더 기뻐할 것이다."(누가복음 15:7) 우리는 단 한 명을 위해서도 기뻐하고 축하할 줄 알아야 한다.

만약 모든 교회, 모든 예수님을 사랑한다고 말하는 사람들이 그 한 *사람(the one)*을 돌보는 마음을 가진다면 세상은 어떻게 변할지 궁금하다. 내가 사는 애틀랜타에는 수많은 기독교인들이 있다. 만약 각자가 한 명의 노숙인을 돌보고, 한 명의 위탁 아동을 보살피고, 한 가난한 가정을 돕는다면, 어떤 변화가 일어날까? 예수님께서 보여주신 방식대로 우리가 행동한다면, 우리 공동체는 엄청난 변화를 경험하게 될 것이다.

완벽함 보다 중요한 영향력

나는 종종 한 좋은 친구에게 말한다. "완벽함보다 중요한 것은 영향력이야." 이것은 대부분의 일이 완벽할 필요는 없으며, 그 일이 가져오는 영향력이 더 중요하다는 사실을 상기시키는 말이다.

완벽을 추구하는 태도는 때때로 병이 될 수도 있다. 우리로 하여금 안전한 영역에서 머물게 하거나, 아예 아무것도 시도하지 못하게 만들기 때문이다. 오직 영향력에 집중하라. 우리는 완벽함이 아니라, 사람들에게 미칠 수 있는 변화에 집중해야 한다.

완벽한 방식으로 구조적 빈곤 문제를 해결하는 것은 불가능하다. 솔직히 말해, 이 문제는 언제나 혼란스럽고 복잡할 것이다. 어떤 날은 다른 날과 다를 것이고, 모든 사람이 각기 다른 방식의 도움이 필요할 것이다.

하지만 변하지 않는 한 가지는 있다. 우리는 예수님의 사랑으로 사람들을 대해야 하며, 그들의 이야기를 들을 수 있는 열린 마음을 가져야 한다.

우리가 완벽한 해결책을 찾는 데 지나치게 집중하면, 진짜 중요한 것을 놓치게 된다. 그렇게 되면 우리는 오히려 우리가 돕고자 하는 사람들을 제대로 도울 수 없게 된다. 삶을 변화시키는 일은, 우리가 완벽하기 때문에 이루어지는 것이 아니라, 불완전한 모습 그대로라도 사람들에게 다가가고, 솔직하게 함께하는 과정에서 이루어진다. 누가 완벽한 사람에게 공감할 수 있겠는가?

나는 20대 초반, 내 어린 시절과 청소년기에 대해 많은 글을 썼다. 특히 내가 어떤 결정을 내렸는지, 그리고 왜 더 나은 선택을 하기로 결심했는지에 대해 기록했다. 그 글들을 모아 유턴(U-Turn)이라는 자비 출판 책을 만들었다.

어느 주말, 나는 한 청소년 구치소에서 강연을 해달라는 요청을 받았다. 나는 몇 년 전, 바로 그곳에서 지냈던 경험이 있었다. 나는 그곳에서 한때 나와 같은 의자에 앉아 있는 아이들을 바라보았다. 그리고 마치 과거의 나에게 조언할 기회가 주어진 것 같은 느낌이 들었다.

나는 그들에게 내가 겪었던 고난, 가족과의 관계, 하나님과의 관계에 대해 솔직하게 이야기했다. 강연을 마친 후, 나는 아이들과 직접 이야기를 나누고 함께 기도할 기회를 가졌다. 그들에게는 내 책이 한 권씩 주어졌다. 그날 밤, 나는 집 거실에 앉아 있었는데 알 수 없는 번호로 전화가 여러 번 울렸다.

전화를 받아보니, 전화기 너머로 어린 여성의 목소리가 들려왔다. 그녀는 자신이 오늘 강연했던 청소년 구치소에 있으며, 어떤 식으로든 구치소를 빠져나와서 내 책의 뒤에 있는 전화번호를 보고 연락했다고 했다. 그녀는 자신의 상황에 대해서 말했다. 16세가 되어서 곧 성인 교도소로 이감이 될 예정인데, 자신은 단지 범죄자들과 함께 있었다는 이유로 15년 형을 선고받은 것이라고 했다.

그녀는 "제가 어떻게 해야 할지 모르겠어요."라고 말했다. 나는 그녀에게 나도 한때는 어떻게 해야 할지 몰랐던 때가 있었음을 말해주었다. 모든 사람의 상황이 다르기 때문에, 말하기가 조심스러웠다. 하지만, 나는 그녀가 혼자가 아니라는 것을 알게 해주고 싶어서, 언제든 필요하면 다시 전화하라고 말해주고 전화를 끊었다.

몇 분 후, 비슷한 번호로 또 전화가 왔다. "안녕하세요. 혹시 테렌스 레스터 씨인가요? 조금 전에 사라(Sarah)가 전화했나요? 저는 그녀의 담당 사회복지사입니다. 전화를 받아주셔서 감사드려요, 정말 감사드립니다!"

"네, 전화를 받았습니다. 저도 그녀와 대화를 나눌 수 있어서 좋았습니다만, 무슨 일이 있는 건가요?" 내가 물었다.

"그게 말이죠, 사라가 당신이 자기 전화를 받지 않으면 구치소에서 자살하겠다고 말했거든요."

그 이야기를 듣고 나는 소름이 돋았다. 나는 내가 누군가에게 그렇게 중요한 존재가 될 수 있을 거라고 전혀 예상하지 못했다. 하지만 나는 단지 내 이야기를 책에 담았고, 연락처를 적어 두었고, 전화가 왔을 때 받았을 뿐이다. 나는 엄청난 일을 한 것도, 완벽한 조언을 한 것도 아니다. 하지만 그날, 나는 그녀의 삶을 변화시켰다. 그리고 동시에, 나의 삶도 변화되었다.

나는 이렇게 믿는다. 우리가 서로의 공통된 아픔과 결핍을 바라볼 때, 우리는 더욱 깊이 연결될 수 있다. 우리는 모두 누군가가 그 빈자리를 채워주기를 바라는 존재들이다. 어떤 날은 우리가 그 빈자리를 채우는 사람이 될 수도 있고, 어떤 날은 다른 누군가가 우리의 필요를 채워줄 수도 있다.

이제, 선택은 당신에게 달려 있다. 당신은 누구를 볼 것인가? 그리고 당신이 만나는 사람들에게 무엇을 할 것인가? 어떤 사람들은 영적으로 가난할 것이고, 어떤 사람들은 물질적으로 가난할 것이다. 어떤 사람들은 둘 다 경험할 수도 있다. 그리고 때로는 그 사람이 바로 당신일 수도 있다. 그러나 우리가 예수님처럼 사랑하기로, 그리고 우리에게 주어진 모든 것을 단 한 사람을 위해 쓰기로 함께 결심한다면, 나는 그 결정이 당신과 당신 주변 사람들을 더 나은 존재로 만들 것이라고 확신한다.

다른 사람의 입장에서 생각하라. 그들이 무엇을 필요로 하는지 알아보라. 그들에게 당신을 보고 있다고 말하라. 그들이 혼자가 아니라는 것을 보여주라. 부서지고, 지치고, 가난하고, 외로운 사람들에게 당신은 혼자가 아니라고 말하라. 무료 급식소를 시작하라. 책을 써라. 감옥에서 강연하라. 평소보다 더 자원봉사하라. 노숙인을 먹이고, 쓰레기를 줍고, 성 착취 피해자를 돕고, 무엇이든 하라.

당신이 바라보는 방법을 배워둔다면, 그렇게 하는 데에 당신은 아무런 비용도 지불하지 않지만 모든 사람을 위한 세상으로 바꿀 것이다. 우리는 사람들을 바라볼 필요가 있다. 그들이 어디에 있든, 누구든, 무엇을 하든 간에 말이다. 때로는 단순히 전화를 받아 주는 것만으로도 한 사람의 인생이 바뀔 수 있다. 나는 그날 사라에게 '내가 당신을 보고 있습니다'라고 말해주었고, 그녀의 삶은 변화되었다. 그리고 나의 삶도 함께 변화되었다. 사람들을 보라. 그들에게 당신이 보고 있다고 말하라. 그들의 눈을 바라보고, 그들이 소중한 존재임을 알려주라.

당신은 사랑받고 있습니다.
당신은 소중한 존재입니다.
당신은 사람들에게 보입니다.

이제 가서, 사람들을 보라.

ACKNOWLEDGEMENTS
감사의 말

　　내가 걸어온 길을 돌아볼 때, 그리고 나를 돕고 지지해 준 소중한 사람들을 떠올릴 때면 인용하는 유명한 말이 있습니다. 이 인용문은 저명한 수학자 아이작 뉴턴(Isaac Newton)에게서 얻어왔습니다. 그는 아마도 어떤 일을 성취하기 위해 치러야 할 대가를 누구보다 잘 알고 있었던 것 같습니다. 이 짧은 문장은, 우리가 더 나은 시야를 가지게 된 이유, 더 많은 기회를 누릴 수 있게 된 이유, 그리고 세상을 더 분명하게 바라볼 수 있는 이유가 바로 우리보다 앞서 길을 닦아준 사람들의 희생과 헌신 덕분이라는 사실을 말해 줍니다. 뉴턴은 이렇게 말했습니다. "내가 더 멀리 볼 수 있었다면, 그것은 거인의 어깨 위에 서 있었기 때문이다." 우리는 모두 태어나기 훨씬 전부터 길을 닦아준 이들, 그리고 살아가는 동안 우리를 지지하고 이끌어 준 이들 덕분에 더 많은 것을 보고, 더 많은 것을 경험하며 살아갑니다.

　　특별한 감사의 마음을 전하며 이제 나는 내 곁에서 나를 지지해주고, 격려해 주며, 자신의 시간까지 희생하며 내가 더 멀리 바라볼 수 있도록 도와준 소중한 분들께 감사를 전하고자 합니다.

　　나의 아내, 세실리아 레스터(Cecilia Lester)에게, 솔직히 말해, 당신의 사랑과 지지가 없었다면, 우리 가족이 하는 이 일을 감당할 수 없었을 겁니다. 당신은 나의 반석입니다. 그리고 우리의 자녀, 자이온 조이

(Zion Joy)와 테렌스 2세(Terence II)에게, 너희는 정말 멋진 아이들이야. 그리고 "아빠, 계속해서 사람들을 도와줘. 그거 정말 멋진 일이야!"라고 말해줘서 고마워.

나의 어머니, 닥터 코니 워커(Dr. Connie Walker)에게, 결코 나를 포기하지 않으셨기에 감사합니다. 또한, 나의 여동생 애슐리 레스터(Ashley Lester)와 그녀의 아들 카멜로(Carmelo), 그리고 아버지 타이론 레스터(Tyrone Lester)에게도 감사를 전합니다. 하나님께서 우리 사이의 관계를 회복시켜 주셨음에 감사드립니다. 그리고 나의 계부, 듀윗 워커 시니어(Dewitt Walker Sr.), 항상 나에게 섬김의 삶을 살아가도록 격려해 주셔서 감사합니다.

내 책의 에이전트, 토니 존슨(Tawny Johnson)에게, 처음부터 이 책의 비전을 믿어주고, 이 책이 세상의 손에 들려져 보이지 않는 사람들을 바라보고 사랑하도록 영향을 줄 것이라고 확신해 주셔서 감사합니다.

나의 편집자, 알 슈(Al Hsu)에게, 항상 따뜻한 지지자가 되어 주시고, 이 책이 최고의 모습으로 세상에 나올 수 있도록 함께해 주셔서 감사합니다.

IVP 출판사 가족분들게, 저를 따뜻하게 맞아 주시고, 제 목소리와 이야기가 가치 있다고 믿어주셔서 감사합니다.

켈리 맥갠(Kellie McGann)에게, 이 책의 여러 아이디어를 고민하고 다듬는 과정에서 도움을 주셔서 감사합니다. 나와 나의 아내는 당신의 사랑과 헌신적인 지원에 깊이 감사드립니다.

나의 가장 가까운 친구 중 한 명, 하비 스트릭랜드(Harvey Strickland)에게, 처음부터 함께해 주었고, 언젠가 이 일이 현실이 될 것이라고 끝까지 믿어 주어서 감사합니다. 나의 형제 같은 친구, 마이크 파이(Mike Fye)에게, 우리가 이 길을 굳건히 걸어갈 수 있도록 함께 이끌어 주셔서 감사합니다. 또한, 특별한 감사의 마음을 전합니다. 조니 테일러(Johnny Taylor)와 알리 브래스웨이트(Ali Brathwaite), 두 분은 가난에 대한 잘못된 인식을 바꾸는 가장 중요한 두 캠페인을 지원해 주셨습니다. 당신들의 우정을 진심으로 소중히 여깁니다. 제임스 브룩셔(James Brookshire)와 그의 아내 섀넌(Shannon)에게 2018년, 멤피스까지 함께 걸으며 연대와 지지를 보여 주었던 당신께 감사합니다. 그리고 그 길을 걸을 수 있도록 남편의 일을 쉽게 해 준 섀넌에게도 감사드립니다. 나의 조수, 줄리아 웹(Julia Webb)과 그녀의 남편 마이클 웹(Michael Webb)에게, 이 책이 완성되는 과정 동안 끊임없이 기도해 주셔서 감사합니다.

Love Beyond Walls 팀에게, 지금까지 우리와 함께한 모든 자원봉사자들, 그리고 수년 동안 우리의 옹호 활동을 지원해 준 모든 분들께 감사드립니다.

데이브 기븐스(Dave Gibbons)에게, 언제나 격려해 주시고, 나의 멘토가 되어 주셨으며, 이 책의 서문을 써 주셔서 감사합니다. 당신 덕분에 나는 더욱 강한 리더가 되었고, "Xealot(열정적인 개혁가)"로서 나아갈 수 있었습니다. 플라이우드 피플(Plywood People)의 제프 시나바거(Jeff Shinabarger)에게, 소셜 창업가들이 꿈을 꾸고, 허락받고, 미친 듯한 아이디어들을 시도할 수 있는 특별한 공간을 만들어주셔서 감사합니다.

마지막으로, 지난 8년 동안 내 삶에 깊이 영향을 주신 분들께, 브라이언 블로이(Pastor Brian Bloye) 목사님, 맥 레이크(Mac Lake), 케빈 던랩(Kevin Dunlap), A. J. 맥마이클(A. J. McMichael), 당신들이 나에게 쏟아부어 준 개인적인 헌신이 없었다면, 나는 지금의 리더가 될 수 없었을 것입니다.

마무리하며 저를 지지해 주시고, 저에게 거인의 어깨 위에 설 기회를 주신 모든 분들께 감사드립니다.

적용과 토론을 위한 질문들

INTRODUCTION: 집을 찾아서

1. 당신은 이방인(outcast)처럼 느껴본 적이 있습니까? 언제, 어디에서 그런 경험을 했나요?
2. 집(Home)이란 당신에게 어떤 의미인가요? 당신은 집을 어떻게 정의합니까?
3. 복음(Good News)은 소외된 사람들에게 어떤 의미가 있나요?
4. 당신은 빈곤(Poverty)을 어떻게 정의합니까?
5. 오늘날 세계에서 빈곤은 어떤 모습으로 나타나고 있습니까?
6. 가난한 사람들에 대한 당신의 믿음과 관점은 어디에서 비롯되었습니까?
7. 영적인 빈곤(Spiritual Poverty)과 물질적인 빈곤(Material Poverty)은 어떤 방식으로 연결되어 있다고 생각하십니까?

제1장: 빈곤에 처한 이웃들

1. 소외감을 느껴본 적이 있습니까? 그때 어떤 기분이었나요?
2. 오늘날 노숙인들은 왜 사회에서 배제된다고 생각하십니까?
3. 하나님은 노숙인이나 가난한 사람들이 부당하게 대우받는 것에 대해 어떻게 느끼실까요?
4. 노숙이나 빈곤을 경험하는 사람에게 "하루를 살아가는 데 무엇이 필요한가?"라고 직접 물어본 적이 있습니까? 만약 그렇다면, 그 사람은 어떤 대답을 했나요?
5. 빈곤에서 벗어나는 데 필요한 것은 무엇이라고 생각하십니까?

제2장: 두려움이 아닌 이해의 시선으로

1. 고린도후서 8장 9절은 당신에게 어떤 의미가 있습니까?
2. 사람들이 가난한 사람들을 두려워하는 이유는 무엇이라고 생각합니까?
3. 왜 우리는 도움이 필요한 사람을 볼 때 강한 감정을 느끼게 될까요?
4. 왜 우리는 모르는 사람들을 두려워하는 경향이 있을까요?
5. 오늘날 사회에서 가치(worth)는 어떻게 측정되고 있습니까?
6. 진정한 '가치'의 원천은 무엇이라고 생각하십니까?
7. 당신도 가난한 사람들을 두려워한 적이 있습니까? 그 두려움과 맞설 용의가 있습니까?
8. 현대 사회에서 계층(class)이 사람들을 분리한다고 생각하십니까? 그렇다면, 어떤 방식으로, 그리고 왜 그런 일이 벌어진다고 생각하십니까?
9. 예수님이라면 우리가 가난하고 소외된 사람들을 어떻게 돌보기를 원하실까요?

제3장: 사랑방 만들기

1. 우리 모두 해야 할 일이 너무 많습니다. 당신이 내려놓아야 할 일은 무엇인가요?
2. 왜 우리 문화는 바쁜 것(Busyness)을 추구하는 걸까요?
3. 다른 사람을 돕기 위해 당신이 더 할 수 있는 일은 무엇인가요?
4. 만약 우리가 더 많은 재산을 쌓는 데 시간을 쓰는 대신, 사람들을 세우는 데 시간을 쓴다면 어떤 일이 일어날까요?
5. 우리가 약자들, 소외된 사람들, 그리고 목소리를 잃은 사람들을 위한 삶의 여백을 만든다면, 세상은 어떻게 변화할까요?

제4장: 지금 가진 것으로 섬기기

1. 당신이 충분히 넘치게 소유하고 있다고 느껴본 때는 언제입니까?
2. 당신은 남는 물건들을 어떻게 처리하나요?
3. 그 남는 물건들이 누군가를 돕는 데 어떻게 사용될 수 있을까요?
4. 모든 사람이 가난한 이들을 돌볼 책임이 있다고 생각하십니까? 만약 그렇지 않다면, 그 책임은 누구에게 있다고 생각하십니까?
5. 하나님께서 우리 모두가 빈곤 문제를 해결하는 데 참여하기를 원하신다고 생각하십니까? 그렇다면, 그 이유는 무엇일까요?
6. 탐욕은 우리가 가난한 사람들을 돕는 것을 어떻게 방해할까요?

제5장: 선입견 내려놓기

1. 무지가 어떻게 상처를 줄 수 있을까요?
2. 당신이 무지했던 탓에 누군가에게 상처를 준 적이 있습니까? 만약 그렇다면, 그 후에 사과했나요?
3. 하나님께서 우리가 자신의 '맹점(blind spots)'을 해결하도록 부르신다고 생각하십니까? 그렇다면, 우리는 어떻게 이를 해결할 수 있을까요?
4. 우리는 어떻게 자신의 무지를 극복하고, 예수님처럼 더욱 사랑하는 사람이 될 수 있을까요?

제6장: 다가가기

1. 당신이 세상에 긍정적인 변화를 가져올 수 있는 세 가지 방법을 적어 보세요.
2. 당신이 하나님께 받은 영적 은사가 무엇인지 알아보기 위해 영적 은사 테스트를 해 본 적이 있습니까?
3. 당신의 은사를 어떻게 활용하여 가난한 사람들을 도울 수 있을까요?

4. 당신이 용기 있게 살아가도록 영감을 주는 사람 몇 명을 떠올려 보세요.

제7장: 다른 사람들의 다양한 수요들

1. 당신이 자신과 다른 공동체나 환경에 들어갔을 때, 무엇을 배웠습니까? 그 경험에서 어떤 것을 얻었나요?
2. 그 공동체에 들어가기 전에 알았더라면 좋았을 것 같은 점이 있었나요?
3. 우리는 다른 공동체에 대한 오해로 인해 어떻게 자신을 고립시키는 경향이 있을까요?
4. 다양성은 왜 하나님께 중요한 가치일까요?
5. 기독교인은 문화적 다양성에 대해 이해하는 법을 배워야 할까요? 그렇다면, 왜 그래야 할까요?
6. 다양성에 대한 경험이 부족하면, 도움이 필요한 사람들을 돕는 데 장애가 될 수 있을까요? 그렇다면, 그 이유는 무엇인가요?
7. 정신 건강에 문제를 가진 사람들을 어떻게 도울 수 있을까요?
8. 이들을 돕기 위해, 당신은 자신을 어떻게 준비시키고 있습니까?

제8장: 눈을 씻어 존엄성 보기

1. 가난한 사람들의 존엄성을 인정하는 것이 왜 어렵다고 생각합니까?
2. 가난한 사람들을 모른 척한 경험이 있습니까? 그렇다면, 왜 그렇게 했나요?
3. 예수님이라면 사회에서 소외된 사람들의 존엄성을 어떻게 인정해 주셨을까요?
4. 존엄성이라는 단어는 당신에게 어떤 의미가 있습니까? 그리고 인간의 존엄성은 어디에서 비롯된다고 생각하십니까?
5. 가난한 사람들이 자신이 가치 있는 존재이며, 존엄성을 지니고 있음을

확신하도록 돕는 방법은 무엇일까요?
6. 편견은 사람들이 복음을 듣는 데 어떤 장애가 될까요?
7. 만약 당신이 어느 곳에서든 소속감을 느끼지 못하거나 환영받지 못한다면, 당신은 어떻게 행동할 것 같나요?
8. 가난한 사람들, 그리고 노숙인들이 환영받지 못할 때 그들은 어떤 감정을 느낄까요?

제9장: 함께 만들어가는 공동체

1. 건강한 공동체는 어떻게 한 사람의 삶을 변화시킬 수 있을까요?
2. 왜 공동체는 하나님께 중요한 가치일까요?
3. 공동체는 당신의 삶을 어떻게 변화시켰나요?
4. 왜 가난하거나 노숙 생활을 하는 사람들은 공동체에 쉽게 초대받지 못하는 걸까요?
5. 자신과 다른 배경을 가진 사람들과 함께 공동체를 형성하기 위해 당신은 무엇을 할 수 있을까요?

제10장: 균형감 유지하기

1. 사람들은 왜 다른 사람을 섬기는 일을 꺼리는 경향이 있을까요?
2. 섬김이 당신의 삶의 일부가 되는 것을 방해하는 요인은 무엇인가요?
3. 다른 사람을 돕는 일을 당신의 일상적인 삶의 일부로 만들려면 어떻게 해야 할까요?
4. 왜 우리는 종종 섬김이 즐겁거나 재미있는 일이라고 생각하지 않을까요?
5. 섬김을 체크리스트 사고방식으로 만드는 것을 방지하려면 무엇이 필요할까요?
6. 왜 우리는 섬김을 단순한 행동이 아니라, 관계적인 측면을 더욱 강화하는 방향으로 노력해야 할까요?

CONCLUSION: 한 사람 한 사람이 중요하다

1. 예수님이 누가복음 15장에서 말한 "그 한 사람"을 찾는 것은 무슨 의미일까요?
2. 그 한 사람은 왜 중요할까요?
3. 당신은 그 한 사람 같다고 느낀 적이 있나요? 그 경험은 어땠나요?
4. 어떻게 하면 더 많은 사람들을 주의 깊게 바라보고, 그 한 사람을 찾아나설 수 있을까요?
5. 소외된 사람이 자신을 하나님의 사랑과 은혜를 받는 그 한 사람이라고 느끼게 하려면 어떻게 해야 할까요?
6. 이 책을 읽은 후, 당신은 어떻게 변화의 첫걸음을 내디딜 것인가요?

주 NOTE

INTRODUCTION: 집을 찾아서

1. Joseph R. Myers, *The Search to Belong: Rethinking Intimacy, Community, and Small Groups* (Grand Rapids: Zondervan, 2003).
2. Howard Thurman, *Jesus and the Disinherited* (Boston: Beacon Press, 1996), 13.
3. Barbara Ehrenreich, quoted in Tavis Smiley and Cornel West, *The Rich and the rest of Us* (Philadelphia: Free Library of Philadelphia, 2012), 22.
4. Martin Luther King Jr., "Dr. Martin Luther King's Visit to Cornell College," Cornell College News Center, accessed January 26, 2019, https://news.cornelldollege.edu/dr-martin-luther-kings-visit-to-cornell-college. King delivered his address October 15, 1962.

제1장: 빈곤에 처한 이웃들

1. David Gaider, "David Gaider Quotes," *AZ Quotes*, accessed January 26, 2019, www.azquotes.com/quote/672800.
2. Eleanor Krause and Isabel V. Sawhill, "Seven Reasons to Worry About the American Middle Class," Brookings Institution, June 5, 2018, 111.brookings.edu/blog/social-mobility-memos/2018/06/05/seven-reasons-to-worry-about-the-american-middle-class.
3. Jill Rosen, "Study: Children's Life Trajectoies Largely Determined by Family They Are Born Into," *Hub*, June 2, 2014, https://hub.jhu.edu/2014/06/02/karl-alexander-long-shadow-research.
4. Chad W. Dunn, quoted in Sari Horwitz, "Getting a Photo ID so You Can Vote Is Easy. Unless You're Poor, Black,

Latino or Elderly," *Washington Post*, May 23, 2016, www.washingtonpost.com/politics/courts_law/getting-a -photo-id-so-you-can-vote-is-easy-unless-youre-poor-black-latino-or-elderly/2016/05/23/8d5474ec-20f0-11e6-8690-f14ca9de2972_story.html?utm_term=.f53fbcb44885.

5 Arthur Dobrin, "The Effects of Poverty on the Brain," *Am I Right?* (blog), *Psychology Today*, October 22, 2012, www.psychologytoday.com/us/blog/am -i-right/201210/the-effects-poverty-the-brain.

6 Gillian B. White, "Escaping Poverty Requires Almost 20 Years with Nearly Nothing Going Wrong," *Atlantic*, April 2017, www.theatlantic.com /business/archive/2017/04/economic-inequality/524610.

제2장: 두려움이 아닌 이해의 시선으로

1 "Imago Dei ('image of God')," *PBS*, accessed January 2, 2019, www.pbs.org /faithandreason/theogloss/imago-body.html.

2 "Statistics & Facts on the U.S. Cosmetics and Makeup Industry," *Statistic Portal*, www.statista.com/topics/1008/cosmetics-industry.

3 Mother Teresa, "Quotable Quote," *Goodreads*, accessed January 26, 2019, www.goodreads.com/quotes/71796-being-unwanted-unloved-uncared-for-forgotten-by-everybody-i-think.

4 Much of the rest of this section is lightly adapted from "The Poor People's Manifesto," *Love Beyond Walls*, April 11, 2018, www.lovebeyondwalls.org /the-poor-peoples-manifesto.

5 Robert Bird and Frank Newport, "What Determines How Americans Perceive Their Social Class?" *Gallup*, February 27, 2017, https://news.gallup.com/opinion/polling-matters/204497/determines-americans-perceive -social-class.aspx.

6 "What Is India's Caste System?" *BBC News*, July 20, 2017, www.bbc.com /news/world-asia-india-35650616.

7 Jessica McBurney, "Capitalism," *CommonLit*, 2016, www.commonlit.org /texts/capitalism.

8 To see how the prison system and health care have exploited poor people for profit, see Michelle Alexander, *The New Jim Crow: Mass Incarceration in the Age of Colorblindness* (New York: New Press, 2012), 215; Michelle Alexander, "The New Jim Crow," *Course Hero*, accessed January 26, 2019, www.coursehero.com/lit/The-New-Jim-Crow/introduction-summary; and Dominique Gilliard, *Rethinking Incarceration: Advocating for Justice That Restores* (Downers Grove, IL: InterVarsity Press, 2018), 44.

9 W. Bruce Walsh, Paul J. Hartung, and Mark L. Savickas, *Handbook of Vocational Psychology: Theory, Research, and Practice*, 4th ed. (London: Rout- ledge, 2013), chap. 4.

10 "Horatio Alger," *Wikipedia*, accessed January 2, 2019, https://en.wikipedia.org/wiki/Horatio_Alger.

11 Gretchen Frazee, "The Minimum Wage Is Increasing in These 21 States," *PBS News Hour*, January 1, 2019, www.pbs.org/newshour/economy/the -minimum-wage-is-increasing-in-these-21-states.

12 Howard Thurman, *Jesus and the Disinherited* (Boston: Beacon Press, 1996), 2.

13 "No Safe Street: A Survey of Hate Crimes and Violence Committed Against Homeless People in 2014 & 2015," National Coalition for the Homeless, July 2016, https://nationalhomeless.org/wp-content/uploads /2016/07/HCR-2014-151.pdf.

14 "2 Charged in Taped Attack on NJ Homeless Man." *NBC New York*, December 20, 2011, www.nbcnewyork.com/news/local/Homeless-Man -Attack-Video-Tape-NJ-Wall-Township-135886238.html.

15 "L.A. Man Arrested, Accused of Setting Homeless Woman on Fire as She Slept on Van Nuys Bus Bench," *Daily News*, August 28, 2017, www.dailynews.com/2012/12/27/la-man-arrested-accused-of-setting-homeless -woman-on-fire-as-she-slept-on-van-nuys-bus-bench.

16 Eleanor Goldberg, "Attacks on the Homeless Jumped 23 Percent Last Year: Report," *Huffington Post*, March 31, 2014, www.huffingtonpost.com /2014/03/31/homeless-attacks_n_5063662.

html.

17 Love Beyond Walls는 나와 아내가 2013년에 설립한 조직으로, 노숙과 빈곤의 현실에 대한 인식을 높이는 동시에 가난한 이들을 돌보도록 사람들을 동원하는 것을 목표로 한다. 본질적으로, Love Beyond Walls는 점점 더 높은 장벽을 쌓아가는 사회에 대한 희망적인 대응으로 만들어졌다. 우리는 빈곤과 노숙의 현실과 싸우는 사람들의 이야기를 전하고 그들과 함께 일하는 데 초점을 맞추고 있다. 우리 조직은 실질적인 사랑이 이러한 장벽을 뛰어넘을 수 있다고 믿는다.

18 Crystal Ayres, "How Poverty Increases Crime Rates," *Vittana*, January 15, 2017, vittana.org/how-poverty-influences-crime-rates.

19 Ken Cuccinelli, "Texas Shows How to Reduce Both Incarceration and Crime," *National Review*, May 18, 2015, www.nationalreview.com /2015/05/how-could-we-have-fewer-prisoners-without-more-crime -ask-texas.

제3장: 사랑방 만들기

1 Richard A. Swenson, *Margin: Restoring Emotional, Physical, Financial, and Time Reserves to Overloaded Lives* (Colorado Springs: NavPress, 2004), 27.

2 Swenson, *Margin*, 63.

3 Silvia Bellezza, Neeru Paharia, and Anat Keinan, "Research: Why Amer- icans Are So Impressed by Busyness," *Harvard Business Review*, December 15, 2016, https://hbr.org/2016/12/research-why-americans-are -so-impressed-by-busyness.

4 "United States of America," *Operation World*, accessed March 22, 2019, http:// www.operationworld.org/country/unsa/owtext.html.

제4장: 지금 가진 것으로 섬기기

1 Craig Greenfield, "What Does Jesus Mean, 'The Poor Will Always Be with You'?" *Relevant*, June 29, 2016, https:// relevantmagazine.com/reject-apathy /what-does-jesus-mean-

poor-will-always-be-you.
2 David W. Jones, "Was Jesus Rich or Poor—and Why Does It Matter?" *Intersect*, July 7, 2016, http://intersectproject.org/faith-and-economics/jesus-rich-poor-matter.
3 Henri J. M. Nouwen, "Our Poverty, God's Dwelling Place: August 18," *Henri Nouwen Society*, https://henrinouwen.org/meditation/poverty-gods-dwelling-place/.
4 Michael Kahn, "Next to Former Peachtree-Pine Shelter, New Residential Tower Announced," *Curbed Atlanta*, January 26, 2018, https://atlanta.curbed.com/atlanta-development/2018/1/26/16935010/peachtree-pine-closed-new-high-rise-apartments.

제5장: 선입견 내려놓기

1 Northeastern University, "Human Behavior Is 93 Percent Predictable, Re- search Shows," *Phys.org*, February 23, 2010, phys.org/news/2010-02-human-behavior-percent.html.
2 Derek Thompson, "Busting the Myth of 'Welfare Makes People Lazy,'" *Atlantic*, March 8, 2018, www.theatlantic.com/business/archive/2018/03/welfare-childhood/555119.
3 Martha T. S. Laham, "Fastest-Growing Segment of the Homeless Popu- lation May Surprise You," *Huffington Post*, June 7, 2017, www.huffpost.com/entry/fastest-growing-segment-of-homeless-population_b_10201782.
4 "Dignity Museum," *Love Beyond Walls* (blog), September 26, 2018, www.lovebeyondwalls.org/category/love-beyond-walls-story/.

제6장: 다가가기

1 "Black Man Jailed After Trying to Pay Burger King with $10 Bill, Lawsuit Claims," *NBCNews*, May 18, 2018, www.nbcnews.com/news/us-news/homeless-man-jailed-three-months-after-trying-pay-burger-king-n875346.
2 Michael Eric Dyson, *April 4, 1968: Martin Luther King, Jr.'s*

Death and How It Changed America (Philadelphia: Basic Civitas Books, 2008), 9.

3 Scott W. Allard, "Why Poverty Is Rising Faster in Suburbs Than in Cities," *Conversation*, May 31, 2018, https://theconversation.com/why-poverty-is-rising-faster-in-suburbs-than-in-cities-97155.

제7장: 다른 사람들의 다양한 수요들

1 *Voiceless: A Documentary of Systemic Poverty*, Love Beyond Walls, accessed January 7, 2019, https://vimeo.com/222830083.
2 Jane E. Myers and Thomas J. Sweeney, "The Indivisible Self: An Evidence- Based Model of Wellness," *Journal of Individual Psychology* 60, no. 3 (2004): 234-45, https://libres.uncg.edu/ir/uncg/f/J_Myers_Indivisible _2004.pdf.
3 Many educational sites use versions of the Wheel of Wellness. This one from Princeton includes a self-assessment tool. See "Wellness Wheel & Assessment," *UMatter*, accessed January 7, 2019, https://umatter.princeton.edu/action-matters/caring-yourself/wellness-wheel-assessment.

제8장: 눈을 씻어 존엄성 보기

1 Martin Luther King Jr., *Strength to Love* (New York: Harper & Row, 1963), 37.
2 Susan Biali, "How to Stop Believing Lies Others Told You About You," *Psychology Today*, September 4, 2012, www.psychologytoday.com/us/blog /prescriptions-life/201209/how-stop-believing-lies-others-told-you -about-you.

제9장: 함께 만들어가는 공동체

1 Katie Nodjimbadem, "The Racial Segregation of American Cities Was Anything but Accidental," *Smithsonian.com*, May 30, 2017, www.smithsonianmag.com/history/how-federal-government-

intentionally-racially-segregated-american-cities-180963494.
2 George Cronk, "George Herbert Mead (1863-1931)," *Internet Encyclopedia of Philosophy*, accessed January 7, 2019, www.iep.utm.edu/mead.
3 Terence Lester, "Throwback," 2003. Used by permission.
4 Martin Luther King Jr., *The Measure of a Man* (Minneapolis: Fortress Press, 2001), 43.
5 Bob Goff, *Love Does: Discover a Secretly Incredible Life in an Ordinary World* (Nashville: Thomas Nelson, 2012), 1.

ABOUT THE AUTHOR
저자 소개

테렌스 레스터(Terence Lester)는 Love Beyond Walls의 창립자이자 총 책임자이다. 그는 커뮤니티 활동가, 목회자, 연설가, 그리고 작가로 활동하고 있다. 그는 모든 사람들이 평등한 기회, 사랑, 그리고 삶을 변화시킬 기회를 가질 자격이 있다고 믿는다. 테렌스는 사회 정의(Social Justice), 빈곤(Poverty), 노숙 문제(Homelessness), 신앙(Faith), 문화(Culture)와 관련된 이슈를 주제로 미국 전역과 해외를 다니며 강연하고 있다. 그는 가난한 이들을 위한 인식 개선 캠페인(Awareness Campaigns)을 진행하고 있으며, 그의 활동은 USA Today, Atlanta Journal-Constitution, Black Enterprise, Rolling Out, NBC, Upworthy 등 주요 매체들에 소개된 바 있고, 전 세계적으로 1,000만 명 이상의 사람들에게 공유되었다. 테렌스의 가장 큰 열정은, 대중에게 사회적 약자들과 목소리를 잃은 이들의 현실을 알리고, 그 지식을 바탕으로 사람들을 동원하여, 보이지 않는 이들을 사랑하고 섬길 수 있도록 돕는 것이다. 그는 4개의 학위를 보유하고 있으며, 여러 권의 책을 집필했다. 그는 아내 세실리아(Cecilia)와 행복한 결혼 생활을 하고 있으며, 두 명의 자녀 자이온 조이(Zion Joy)와 테렌스 2세(Terence II)를 두고 있다.

terencelester.com
twitter.com/imterencelester
facebook.com/imterencelester
instagram.com/imterencelester

ABOUT LOVE BEYOND WALLS

LOVE BEYOND WALLS 소개

Love Beyond Walls는 사랑은 어떤 장벽보다 크다는 희망에서 탄생한 운동이다. 우리 단체의 가장 두드러진 특징 중 하나는 보이지 않는 사람들의 이야기를 들려주는 데 집중하는 것이다. 우리는 세상이 그냥 지나쳐버리는 사람들을 섬기는 일에 헌신하고 있다. 왜냐하면, 빈곤과 노숙의 어려움을 겪는 사람들 또한 우리와 마찬가지로 소중한 삶과 이야기를 가지고 있다고 믿기 때문이다.

우리는 노숙인와 가난한 이들에게 존엄성을 제공하기 위해 존재한다. 이를 위해, 우리는 이들에게 목소리를 낼 기회(Voice), 사회적 가시성(Visibility), 주거 공간(Shelter), 공동체(Community), 개인 위생 및 미용 지원(Grooming), 자립을 위한 지원(Self-Sufficiency Support Services) 등을 제공하고 있다.

Address: 3270 East Main Street, College Park, GA 30337
Email: info@lovebeyondwalls.org
lovebeyondwalls.org
twitter.com/lovebeyondwalls
facebook.com/lovebeyondwalls
vimeo.com/lovebeyondwalls
instagram.com/lovebeyondwalls

역자 후기

나에게 번역서 출판이란, 부담스럽고 어려운 일이다. 성능 좋은 AI번역기가 있어 부담스럽고, 나는 번역을 업으로 삼은 전문번역가가 아니기 때문에 어려운 일이다. 물론 오랫동안 신학을 공부하고 영국에서 유학을 했기 때문에 번역이라는 작업은 익숙하지만, 그렇다고 번역서를 출판하는 일이 익숙할 리 만무하다. 그럼에도 불구하고, 이 책을 번역하기로 결정한 것은 예수님의 가르침에 따라 가난한 자 그리고 노숙인에게 다가간 테렌스 레스터의 이야기가 보다 많은 사람들에게 읽히기를 바라는 마음이 컸기 때문이다.

지역교회에서 목회를 하고, 비영리단체를 통해 소외된 자들을 섬기는 일에 독자를 초대하는 레스터의 이야기는 현장성과 신앙고백을 담고 있다. 저자의 표현을 빌려 말하자면 그는 이 섬김의 사역을 '체크리스트'로 두지 않는다. 섬김을 해야 할 일 가운데 하나로 두는 것이 아니라, '눈을 씻어' 섬김의 대상이 되는 사람들의 '존엄성'을 직면한다. 그 과정에서 저자는 빈곤과 노숙이라는 개념으로 이 사람들을 설명하지 않는다. 잃은 양 한마리를 귀하게 여기신 예수님의 마음으로, 믿는 자들이 마땅히 바라보아야 할 이웃으로 소개한다.

이웃을 사랑하라는 예수님의 대계명으로 보면 마땅하지만, 실상 현실에서는 매우 특수한 것으로 여겨지는 레스터의 사역은 이 사회가 소외된 이들에 대해 흔히들 갖고 있는 '두려움'이라는 선입견을 내려 놓고, 있는 그 자체의 타자의 얼굴을 바라봄으로 시작한다. 자신의 일상에 이들이 자리할 수 있는 '사랑방'을 만들고, '지금 가진 것'을 나눈다. 이런 방식으로 이 사역은 돕는 자들이 '삶의 균형'을 잃지 않으며, 소외된 자들과 '함께 새로운 공동체를 만들어가는 일' 그리고 지속적으로 '다가가는 사랑'이라는 의미에 다다른다.

이 책은 우연한 기회에 나에게 다가왔다. 기독교 개발NGO에서 일하는 기독교인 활동가들의 삶과 신앙에 관한 연구를 하던 때, 참고도서를 찾기 위해 도서관에 갔는데 이 책은 내가 찾고자 했던 책의 옆에 꽂혀 있던 책이었다. 레스터의 목소리를 통해 들은 그의 사역은 내가 사하라에서 만성적 빈곤을 겪는 사람들과 함께 살았던 때를 떠오르게 했다. 우리가 사역을 한 시간과 공간과 관계한 사람들은 다르지만, 우리는 같은 신앙을 고백하고 같은 사역을 하고 있었다. 성부 하나님께서는 성자 하나님을 통해 구원과 영생을 약속 받은 당신의 자녀들이 이웃에게 사랑이 되기를 바라시며, 이 부르심에 우리의 능력이 아닌 성령 하나님의 능력에 기대어 순종하길 원하신다. 독자들이여, 눈을 씻어 소외된 자들을 향한 사랑의 몸짓을 함께 시작하지 않겠는가?

2025년 3월
마호영

평생을 기독교인으로 살고, 삶의 절반 가까운 시간을 목회자로서 살아오면서, 지금까지 갖고 있는 질문이 있다. "왜 우리 교회들과 기독교인들은 성경에 대해, 하나님과 예수님에 대해, 이렇게 많이 알고 있으면서도, 삶은 그 앎을 따르지 못하는가?" 말씀을 배우고 가르치고, 기도하고 예배하며, 교회와 학교에서 많은 사람들에게 신앙적 삶을 전하고 있지만, 정작 삶의 현장에서는 예수님처럼 살아가지 못하는 나 자신을 보면서 부끄러운 마음을 지울 수 없다. 테렌스 레스터의 I See You는 그 질문을 다시 한 번 정면으로 마주하게 해 주었고, 동시에 그 괴리를 넘어설 수 있는 첫 걸음을 안내해 주었다.

이 책에서 들려오는 테렌스 레스터의 목소리는 단순히 사회적 약자나 경제적 빈곤을 겪는 이들을 돕자는 도덕적 요청으로 끝나지 않는다. 그는 예수님을 따르는 사람이라면 반드시 '다른 사람을 어떻게 바라볼 것인가'라는 시선의 문제부터 고민해야 한다고 말한다. 거리에서 마주치는 노숙인, 사회에서 소외된 이들, 목소리를 잃어버린 사람들을 '보는 것.'

이 단순하지만 깊은 행위가 우리 신앙의 진정성을 결정짓는 기준이 될 수 있음을 강하게 일깨워 준다.

레스터가 반복해서 강조하는 메시지는 결국 '관계'다. 그가 말하는 '본다(see)'라는 행위는 단지 시각적 인식이 아니라, 그 사람의 존재를 인정하고, 존엄을 회복시키며, 그 안에 있는 하나님의 형상을 바라보는 신앙적 실천이다. 그래서 이 책은 한 권의 선한 행동 지침서가 아니라, 예수님께서 세상을 바라보신 방식, 곧 사랑의 눈으로 사람을 바라보는 영적 훈련으로 우리를 이끌어간다.

나는 신앙이 성숙해질수록 신앙의 앎과 삶은 자연스럽게 연결될 수 있다고 믿는다. 우리가 예수님을 더 깊이 알아갈수록, 그분을 닮고자 하는 열망은 우리 일상의 모든 선택과 관계 속으로 스며들어야 하기 때문이다. 그런 점에서 I See You는 우리 안의 신앙을 다시 삶으로 끌어올릴 수 있는 귀한 통로가 되어준다.

이 책은 개인이 혼자 읽고 묵상하는 데도 의미가 있지만, 교회 소그룹 모임이나 제자 훈련, 청년부 소통 모임, 사회적 선교 사역을 위한 기초 교재로도 적합하다. 책의 뒷 부분에 마련된 토론 질문을 활용하면, 공동체 안에서 서로의 이야기를 나누고, 실천의 방향을 함께 모색하는 데도 큰 도움이 될 것이다.

한 가지 덧붙이자면, 원서에서는 NIV, ESV, The Message 등 다양한 영어 성경 번역본이 인용되었으나, 본 역서에서는 독자의 일관된 이해를 돕기 위해 대한성서공회 새번역성경을 기준으로 성경 구절을 옮겼다.

이 책을 읽는 독자 여러분이, 하나님의 사랑을 다시금 깊이 느끼고, 그 사랑의 시선으로 주변을 새롭게 보기 시작하는 은혜를 누릴 수 있기를 바란다.

**2025년 3월
장윤석**

I See You 눈을 씻고 보니:
　　소외된 이웃을 향한 사랑의 몸짓

초판 발행　2025년 3월 31일 초판 1쇄
지은이　테렌스 레스터 Terence Lester
옮긴이　장윤석 마호영 공역

발행처 / (주)야킨 YKBooks
발행인 / 정아름
편집·디자인 / 장윤석

출판등록 / 2017년 12월 20일 제25100-2017-000085호
주소 / 서울특별시 성북구 길음로 119, 209-102
전화 / 02-323-0909
e-mail / ykbooks@naver.com

ISBN / 979-11-982473-2-2(03230)
Printed by Pandacom Inc. in KOREA

* 가격은 뒷 표지에 있습니다.
* 잘못된 책은 구매하신 곳에서 교매해 드립니다.
* YKBooks는 (주)야킨의 출판 브랜드입니다.